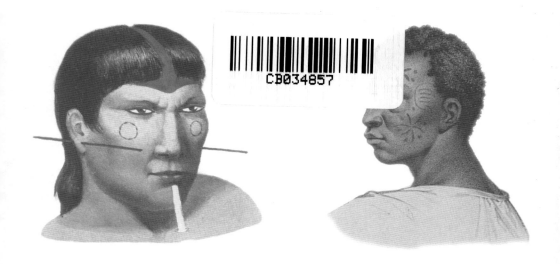

Configurações histórico-culturais dos povos americanos

DARCY RIBEIRO

Configurações histórico-culturais dos povos americanos

São Paulo
2016

© Fundação Darcy Ribeiro, 2013
2ª Edição, Global Editora, São Paulo 2016

    Jefferson L. Alves – diretor editorial
    Gustavo Henrique Tuna – editor assistente
    Flávio Samuel – gerente de produção
    Flavia Baggio – coordenadora editorial
    Jefferson Campos – assistente de produção
    Fernanda Bincoletto – assistente editorial e revisão
    Danielle Costa – preparação
    Elisa Andrade Buzzo – revisão
    Tathiana A. Inocêncio – capa e projeto gráfico

Obra atualizada conforme o
NOVO ACORDO ORTOGRÁFICO DA LÍNGUA PORTUGUESA.

CIP-BRASIL. CATALOGAÇÃO NA FONTE
SINDICATO NACIONAL DOS EDITORES DE LIVROS, RJ

R368c

    Ribeiro, Darcy, 1922-1997
        Configurações histórico-culturais dos povos americanos /
Darcy Ribeiro. – [2. ed.] – São Paulo: Global, 2016.
        il.

    ISBN 978-85-260-2296-6

    1. América – Civilização – História. 2. América – Civilização –
Relações culturais. 3. Antropologia cultural. I. Título.

16-33678
                                        CDD: 970
                                        CDU: 94(8)

Direitos Reservados

global editora e distribuidora ltda.
Rua Pirapitingui, 111 – Liberdade
CEP 01508-020 – São Paulo – SP
Tel.: (11) 3277-7999 – Fax: (11) 3277-8141
e-mail: global@globaleditora.com.br
www.globaleditora.com.br

Colabore com a produção científica e cultural.
Proibida a reprodução total ou parcial desta obra
sem a autorização do editor.

Nº de Catálogo: **3680**

SUMÁRIO

Nota editorial 9

I. Configurações histórico-culturais dos povos americanos ... 11

    Introdução 13

    1. Os povos americanos 23

        Os Povos-Testemunho 25

        Os Povos-Novos 33

        Os Povos-Transplantados 48

        Os Povos-Emergentes 56

    2. Configurações e raça 62

    3. Configurações e desenvolvimento 68

II. *O processo civilizatório* – resumo 77

III. Debate internacional de *Current Anthropology* 87

    1. Comentários 89

        1) Andrew Hunter Whiteford (Beloit, Wisconsin, EUA, 5-8-1969) 89

        2) Cynthia Nelson (Cairo, Egito, 4-8-1969) 93

        3) Charles Leslie – (Nova York, EUA, 13-8-1969) 97

        4) K.O.L. Burridge – (Vancouver, Canadá, 1-8-1969) 98

        5) Frederic Hicks – (Louisville, Kentucky, EUA, 30-7-1969) 101

        6) Eduardo Galvão – (Belém, Brasil, 2-9-1969) 104

        7) Jan Bouzek – (Praga, Tchecoslováquia, 22-8-1969) 105

    2. Réplica aos comentários 108

    Bibliografia 129

IV. Epílogo à edição alemã de *O processo civilizatório* 135

Vida e obra de Darcy Ribeiro 153

Nota editorial

Encontram-se aqui reunidos dois estudos de autoria de Darcy Ribeiro. O primeiro deles – "Configurações histórico-culturais dos povos americanos" – constitui-se numa espécie de síntese, no gênero ensaístico, de obra anterior do autor intitulada *As Américas e a civilização – Processo de formação e causas do desenvolvimento desigual dos povos americanos*. O texto que o segue configura-se em um resumo de obra do autor também já anteriormente publicada: *O processo civilizatório – Etapas da evolução sociocultural*. Eles são acompanhados em seguida por comentários críticos de estudiosos e pela réplica de Darcy. Cumpre registrar que este conjunto de textos foi elaborado a pedido da revista *Current Anthropology*. Fundado em 1959 pelo antropólogo norte-americano Sol Tax (1907-1995), o periódico, publicado pela Editora da Universidade de Chicago, encontra-se ativo até os dias de hoje e permanece desfrutando de enorme prestígio internacional no campo da antropologia. Esse modo de exposição de debate em torno de temas foi uma inovação à época. Tratava-se do *CA Treatment*. Tal procedimento consistia na submissão de estudos de grande importância teórica enviados para publicação ao exame crítico prévio por parte de antropólogos provenientes de diferentes países. Esses pareceres eram encaminhados ao autor, o qual ficava incumbido de redigir sua réplica. Após esses trâmites, a revista publicava o texto original, as avaliações críticas, a réplica e a bibliografia compulsada pelos autores e por seus comentadores.

Ao fim do livro, por abordar as mesmas temáticas do conjunto anterior de textos, incluiu-se o epílogo à edição alemã de *O processo civilizatório*, publicado pela editora Suhrkamp, em 1972, de autoria de Heinz Rudolf Sonntag (1940-2015), renomado sociólogo alemão.

I
Configurações histórico--culturais dos povos americanos

Introdução*

A contribuição da Antropologia ao conhecimento do processo de formação das sociedades nacionais modernas e dos seus problemas de desenvolvimento é muito menor do que seria desejável. Também é, provavelmente, muito menor do que seria possível, apesar das evidentes limitações metodológicas com que se defrontam as ciências sociais. Na verdade, os antropólogos – como de resto todos os cientistas sociais – parecem preparados para empreender pesquisas acuradas sobre problemas restritos e socialmente irrelevantes, mas pouco propensos a focalizar as questões cruciais com que se debatem as sociedades modernas, mesmo as que se situam em cheio no seu campo de preocupação científica.

Representam reações contra estas tendências autolimitativas no campo da Antropologia, os esforços de alguns estudiosos que se dispuseram a tratar problemas socialmente relevantes e a elaborar teorias de alto alcance. Dentre outros, contam-se: a tentativa pioneira de A. L. Kroeber (1944) de focalizar os processos de transformação das altas culturas; a de B. Malinovsky (1945), nos seus estudos sobre dinâmica cultural; a de R. Linton (1955) ao situar dentro de um amplo esquema interpretativo as grandes tradições culturais; e, sobretudo, as de V. Gordon Childe (1937, 1946, 1951), de L. White (1959) e de J. Steward (1955) que retomaram, em toda a sua amplitude, a perspectiva evolucionista. São também de grande relevância os estudos de R. Redfield sobre as formas e as transformações das "culturas de *folk*" (1941, 1953 e 1956); as tentativas de George Foster para alargar o âmbito de interesse e a capacidade explicativa dos estudos de aculturação (1960 e 1962) e de J. Steward por sistematizar e generalizar a grandes áreas os estudos de comunidade (1950).[1]

---

* Esta é uma versão revista do ensaio publicado em *Current Anthropology* (v. 11, nº 45, 1970), apresentado também ao Congresso de Americanistas de Lima, no mesmo ano.

1 Contribuições assinaláveis, ainda que menos elaboradas se devem a J. Gillin (1947, 1949, 1955), a C. Wagley e M. Harris (1955), a Eric Wolf (1955) e a Elman Service (1955) na reformulação dos estudos de áreas e de tipos culturais e na sua aplicação às populações atuais da América Latina.

Principalmente com estas contribuições é que conta hoje quem se propõe compreender, dentro da perspectiva antropológica, como os povos do mundo moderno vieram a ser o que são agora; quais os fatores de diferenciação que operaram e ainda operam sobre eles, responsáveis por suas configurações tão contrastantes no plano social e cultural e por seus graus tão díspares de integração na tecnologia da civilização industrial.

Discutimos no presente trabalho alguns resultados alcançados num estudo desta natureza, concernente ao processo de formação étnica e aos problemas de desenvolvimento dos povos americanos[2] e, em particular, do povo brasileiro.[3] Para empreender este estudo se fez necessário um esforço de reavaliação dos instrumentos conceituais com que tem operado a Antropologia na investigação das sociedades nacionais modernas; de reformulação do esquema evolutivo[4] e de elaboração da presente tipologia histórico-cultural dos povos americanos. Os resultados aqui apresentados têm apenas o valor de indicações preliminares a uma discussão mais aprofundada do tema.

O interesse básico do nosso estudo reside no exame do processo de formação de novas entidades étnicas pela interação entre sociedades distintas, integradas em diferentes tradições culturais, dentro do enquadramento de *processos civilizatórios*. Com esta última expressão designamos os principais movimentos da evolução sociocultural correspondentes ao desencadeamento de sucessivas *revoluções tecnológicas* e à propagação de seus efeitos sobre diversos povos. Conceituamos as revoluções tecnológicas como inovações prodigiosas no equipamento de ação sobre a natureza e a utilização de novas fontes de energia que, uma vez alcançadas por uma so-

---

Merecem destaque especial os estudos de G. Balandier (1955) sobre o colonialismo, referentes à África, de O. Lewis sobre a cultura da pobreza (1959, 1961, 1963) e de P. Worsley sobre o Terceiro Mundo. Foram igualmente de grande utilidade ao nosso trabalho os ensaios de interpretação histórica e sociológica de J. C. Mariategui (1955), F. Ortiz (1940), W. C. Bennett (1953), A. Lipschultz (1944), S. Bagu (1949, 1952), E. Williams (1964), F. Tannenbaum (1947), S. Buarque de Holanda (1957, 1963), G. Freyre (1951, 1952) e C. Furtado (1959).

2 RIBEIRO, Darcy. *As Américas e a civilização*: Processo de formação e problemas de desenvolvimento desigual dos povos americanos. Rio de Janeiro: Civilização Brasileira, 1970.

3 Idem. *Os brasileiros*: I. Teoria do Brasil. 2. ed. Rio de Janeiro: Civilização Brasileira, 1975.

4 Idem. *O processo civilizatório*: Etapas da evolução sociocultural. 3. ed. Rio de Janeiro: Civilização Brasileira, 1975.

ciedade, a fazem ascender a uma etapa mais alta no processo evolutivo. Esta progressão opera através da multiplicação de sua capacidade produtiva com a consequente ampliação do seu montante populacional, da distribuição e da composição deste; da reordenação das antigas formas de estratificação social; e da redefinição de setores básicos da cultura. Opera, também, mediante uma ampliação paralela do seu poder de dominação e de exploração dos povos que estão a seu alcance e que se fizeram atrasados na história por não terem experimentado os mesmos progressos tecnológicos.

Cada um dos processos civilizatórios, ao expandir-se, promove transfigurações étnicas dos povos que atinge, remodelando-os através da fusão de raças, da confluência de culturas e da integração econômica, para incorporá-los em novas conformações étnicas. Eles operam por duas vias opostas, conforme afetem aos povos como agentes ou como pacientes da expansão civilizadora. Primeiro, a *aceleração evolutiva,* no caso das sociedades que, dominando autonomamente a nova tecnologia, progridem socialmente, preservando seu perfil étnico-cultural e, por vezes, o expandindo sobre outros povos, na forma de *macroetnias*. Segundo, a *atualização histórica*, no caso dos povos que, sofrendo o impacto de sociedades mais desenvolvidas tecnologicamente, são por elas subjugados, perdendo sua autonomia e correndo o risco de ver traumatizada sua cultura e descaracterizado seu perfil étnico.

A partir do século XVI se registraram duas revoluções tecnológicas responsáveis pelo desencadeamento de quatro processos civilizatórios sucessivos. Primeiro, a *Revolução Mercantil* que, num impulso inicial de caráter mercantil salvacionista, ativou os povos ibéricos e os russos, lançando aqueles às conquistas oceânicas e, estes, à expansão continental sobre a Eurásia. Num segundo impulso, de caráter mais maduramente capitalista, a Revolução Mercantil, depois de romper a estagnação feudal em certas áreas da Europa, lançou os holandeses, ingleses e franceses à expansão colonial no além-mar. Seguiu-se a *Revolução Industrial* que, a partir do século XVIII, entrou a promover uma reordenação do mundo sob a égide das nações pioneiras na industrialização, através de dois processos civilizatórios: a expansão imperialista e a reordenação socialista.

No mesmo passo em que se desencadeavam estes sucessivos processos civilizatórios, as sociedades por eles atingidas como agentes ou como pacientes, se configuravam como componentes díspares de diferentes formações socioculturais, conforme experimentassem uma aceleração evolutiva ou uma atualização histórica. Assim é que se modelaram, em consequência da expansão mercantil-salvacionista, por aceleração, os *Impérios Mercantis Salvacionistas* e, por atualização, os seus contextos *Coloniais Escravistas*. Mais tarde, em consequência do segundo processo civilizatório, se cristalizaram, por aceleração, as formações Capitalistas Mercantis e, por atualização, suas dependências *Coloniais Escravistas*, *Coloniais Mercantis* e *Coloniais de Povoamento*. Finalmente, como fruto do primeiro processo civilizatório provocado pela Revolução Industrial surgiram, por aceleração, as formações *Imperialistas Industriais* e, por atualização, sua contraparte *Neocolonial*. E, em seguida, como resultado de um segundo processo civilizatório, as formações *Socialistas Revolucionárias*, *Socialistas Evolutivas* e *Nacionalistas Modernizadoras*.

O processo global que descrevemos com estes conceitos é o da expansão de novas civilizações sobre amplas áreas, através da dominação colonial de territórios povoados ou da transladação intencional de populações. Seu motor é um desenvolvimento tecnológico precoce que confere aos povos que o empreendem o poder de impor-se a outros povos, vizinhos ou longínquos, submetendo-os ao saqueio episódico ou à exploração econômica continuada dos recursos do seu território e do produto do trabalho de sua população. Seus resultados cruciais, porém, são a difusão da nova civilização mediante a expansão cultural das sociedades que promovem a conquista e, por esta via, a formação de novas entidades étnicas e de grandes configurações histórico-culturais. A atualização histórica opera por meio da dominação e do avassalamento de povos estranhos, seguida da ordenação econômico-social dos núcleos em que se aglutinam os contingentes dominados para o efeito de instalar novas formas de produção ou explorar antigas atividades produtivas. Esta ordenação tem como objetivo fundamental vincular os novos núcleos à sociedade em expansão, como parcela do seu sistema produtivo e como objeto de difusão intencional de sua tradição cultural, por meio da atuação de agentes de dominação.

Na primeira etapa deste processo prevalecem a dizimação proposital de parcelas da população agredida e a deculturação dos contingentes avassalados. Na segunda etapa, tem lugar certa criatividade cultural que permite plasmar, com elementos tomados da cultura dominadora e da subjugada um corpo de compreensões comuns, indispensável para possibilitar o convívio e orientar o trabalho. Tal se dá através do desenvolvimento de protocélulas étnicas que combinam fragmentos dos dois patrimônios dentro do enquadramento de dominação. Numa terceira etapa, estas células passam a atuar aculturativamente sobre seu contexto humano de pessoas desgarradas de suas sociedades originais, atingindo tanto os indivíduos da população nativa quanto os contingentes transladados como escravos e, ainda, aos próprios agentes da dominação e aos descendentes de todos eles.

Estas células culturais novas tendem a amadurecer como protoetnias e a cristalizar-se como o quadro de autoidentificação nacional da população formada na área. Numa etapa mais avançada do processo, a protoetnia se esforça por independentizar-se a fim de ascender da condição de variante cultural espúria e de componente exótico e subordinado da sociedade colonialista, para a condição de sociedade autônoma servida por uma cultura autêntica. Estas restauração e emancipação só se alcançam ao longo de um processo extremamente conflitivo em que entram em conjunção tanto fatores culturais como sociais e econômicos. É presidido por um esforço persistente de autoafirmação política por parte da protoetnia com o fim de conquistar sua autonomia e se impor um projeto próprio de existência. Alcançada esta meta, está-se diante de uma *etnia nacional*, ou seja, da correspondência entre a autoidentificação de um grupo como uma comunidade humana em si, diferenciada de todas as demais, com estado e governo próprios, em cujo quadro ela passa a viver seu destino. Quando estas etnias nacionais entram, por sua vez, a expandir-se sobre vastas áreas, colonizando quiçá outros povos, com respeito aos quais passam a exercer um papel de dominação e de reconstituição sociocultural, pode-se falar de uma *macroetnia*. Uma vez atingido, porém, certo domínio de expansão étnico-nacional sobre uma área de domínio, a própria atuação aculturativa e a difusão do patrimônio técnico-científico em que se funda a dominação tendem a amadurecer as etnias subjugadas, capacitando-as para a vida autônoma. Volta-se, assim, mais uma vez, o contexto contra o centro reitor, quebrando-se os vínculos de dominação.

A situação resultante é a de etnias nacionais autônomas em interação umas com as outras e suscetíveis de serem ativadas por processos civilizatórios emergentes de novas revoluções tecnológicas. Estas etnias nacionais, produto da ação acelerativa ou atualizadora de processos civilizatórios anteriores, apresentam uma série de discrepâncias e de uniformidades altamente significativas para a compreensão de sua existência ulterior. Estas variam segundo duas linhas básicas. Primeiro, de acordo com os graus de modernização da tecnologia produtiva que hajam alcançado e que lhes abre perspectivas mais amplas ou mais limitadas de desenvolvimento. Segundo, conforme o caráter da remodelação étnica que hajam experimentado e que as conformou em diferentes *configurações histórico-culturais*. Vale dizer, em distintas categorias de povos que, acima de suas diferenças étnicas específicas, apresentam uniformidades decorrentes do paralelismo do seu processo de formação. No caso dos processos civilizatórios regidos pela Europa, estas configurações contrastam e aproximam os povos de acordo com seu perfil básico de sociedades europeias ou europeizadas; de povos extraeuropeus oriundos de antigas civilizações; ou oriundos de populações de nível tribal.

Exemplos clássicos de processos civilizatórios responsáveis pelo surgimento de distintas configurações histórico-culturais se encontram na expansão das civilizações de regadio, das talassocracias como a fenícia e a cartaginesa, dos impérios mercantis escravistas grego e romano, todos eles responsáveis pela transfiguração e remodelação de inúmeros povos. E, mais recentemente, na expansão islâmica e otomana; e, sobretudo, a própria expansão europeia, tanto no seu ciclo mercantil-salvacionista ibérico quanto no capitalista-mercantil e imperialista industrial, posteriores. Só mediante o estudo acurado de cada um desses processos civilizatórios seculares e pela comparação sistemática de seus efeitos, se poderá formular uma teoria explicativa do modo de conformação das etnias nacionais e de modelação das configurações histórico-culturais em que elas se inserem.

Dentro desta perspectiva, os estudos de "aculturação" ganham nova dimensão. Ao invés de se circunscreverem às situações e aos resultados da conjunção entre entidades culturais autônomas, passam a focalizar, principalmente, o processo de formação de novas etnias no curso de expansão de povos ativados por processos civilizatórios e da subjugação de populações por eles avassaladas por força da atualização histórica.[5]

Este processo pode ser estudado em todas as situações globais em que se depara com agências colonialistas de sociedades em expansão, servidas por uma tecnologia mais avançada e por uma alta cultura, atuando sobre contextos socioculturais estranhos. Tais agências não refletem aquela alta cultura senão nos aspectos instrumentais, normativos e ideológicos, indispensáveis ao cumprimento de suas funções de exploração econômica, de domínio político, de expansão étnica e de difusão cultural. Atuam, geralmente, junto a populações mais atrasadas e profundamente diferenciadas cultural, social e, por vezes, racialmente da sociedade dominante. No esforço de subjugação, aquelas agências colonialistas tomam elementos culturais do povo dominado, principalmente técnicas adaptativas às condições locais para o provimento da subsistência. Mas se configuram, essencialmente, como variantes da sociedade nacional em expansão, cuja língua e cultura são impostas aos novos núcleos. Nestas agências interagem uma minoria oriunda da sociedade dominante e uma maioria proveniente das populações locais subjugadas ou de populações intencionalmente transladadas para atender a objetivos do grupo expansionista. Através da interação destes contingentes é que se plasma a cultura nova, tendente, por um lado, a perpetuar-se como cultura espúria de uma sociedade dominada; mas, por outro, a atender às necessidades específicas de sua sobrevivência e crescimento e, por esta via, a estruturar-se como uma etnia autônoma.

Como se vê, não se trata do suposto processo de interinfluenciação de entidades culturais autônomas que entram em conjunção. O que deparamos aqui são situações concretas de dinâmica cultural em que os respectivos patrimônios culturais não se oferecem à interinfluenciação; e tão pouco chega a existir uma conjunção de culturas autônomas. Os condicionamentos fundamentais destas conjunções não são, portanto, a autonomia cultural

---

5   R. Redfield e outros (1936); R. Beals (1951, 1953); Barnett e outros (1954); Mintz (1954); Adams (1956); S. W. Mintz (1954); Aguirre Beltran (1957); O. Lewis (1963); R. Stavenhagen (1963, 1965).

ou a reciprocidade de influências, mas a dominação unilateral da sociedade em expansão e o descompasso cultural entre os colonialistas e os contextos sobre os quais eles se implantam. Só no caso da interação de povos em nível tribal se pode falar da aculturação como um processo em que os respectivos patrimônios se oferecem, efetivamente, com a possibilidade de seleção livre dos traços que se adotam, do domínio autônomo destes e de sua integração completa no antigo contexto.

O próprio conceito de *autonomia cultural* exige uma redefinição, uma vez que só circunstancialmente se pode falar de independência quando se tratam de sociedades atingidas como agentes ou pacientes no curso de processos civilizatórios. As situações que se apresentam, neste caso, são de núcleos em expansão e contextos correspondentes, sobre os quais eles se difundem e exercem sua influência deculturativa e aculturativa. Tais núcleos podem ser únicos e ampliarem-se homogeneamente no correr do tempo. Ou serem múltiplos e atuarem simultaneamente, formando distintas configurações de acordo com as situações de conjunção e as características originais dos contextos sobre os quais atuam. Em qualquer caso, operam como cabeças do mesmo processo civilizatório, quando se fundam na mesma tecnologia básica, no mesmo sistema de ordenação social e em corpos comuns de valores e crenças que difundem aos povos engajados em suas redes de dominação. As relações político-sociais são de superordenação ou de subjugação; as culturais são de dominação, deculturação e incorporação no bojo de uma grande tradição. Nestas conjunções, nem a agência colonialista situada fora de sua sociedade, nem a população sobre a qual ela atua constituem entidades servidas por culturas realmente autônomas; cada qual depende da outra e ambas compõem com o centro reitor metropolitano um conjunto interdependente. Apenas se pode falar de autonomia, como autocomando do próprio destino, no caso das entidades que exercem a dominação e, mesmo estas, via de regra, estão inseridas em amplas constelações socioculturais, cujos integrantes só preservam parcialmente sua autonomia. Nas situações de conjunção resultantes de processos de expansão étnica, o que ressalta é a diferença entre o poder de imposição de sua tradição, por parte da entidade dominadora, e a limitação do poder de resistência à descaracterização étnica e cultural, por parte dos contextos dominados.

Empregamos o termo *deculturação* para designar o processo que opera nas situações especiais em que contingentes humanos desgarrados de sua sociedade (e, por conseguinte, do seu contexto cultural) através do avassalamento ou da transladação, e aliciados como mão de obra de empreendimentos alheios, se veem na contingência de abandonar seu patrimônio cultural próprio e aprender novos modos de falar, de interagir e de pensar. Nestes casos, a ênfase está posta mais na erradicação da cultura original e nos traumas daí resultantes do que na interação cultural. A deculturação é quase sempre uma etapa prévia e um pré-requisito do processo de aculturação. Esta se segue à deculturação quando tem início o esforço de cristalização de um novo corpo de compreensões comuns entre dominadores e dominados, que torna viável o convívio social e a exploração econômica. E se expande quando, constituída esta protocélula, tanto a socialização das novas gerações da sociedade nascente quanto a assimilação dos imigrantes, passam a fazer-se pela sua incorporação no corpo de costumes, crenças e valores daquela protocélula étnica.

Finalmente, usamos de preferência o conceito de *assimilação* para significar os processos de integração do europeu nas sociedades neoamericanas, cujas semelhanças linguísticas, e culturais, no tocante à visão do mundo e às experiências de trabalho, não justificam empregar os conceitos de aculturação e deculturação. Supõe-se, obviamente, que sua forma de participação será limitada, nos primeiros passos; mais ampla, depois, e que possa completar-se em uma ou duas gerações, quando o imigrante alcança o nível de membro indiferenciado da etnia nacional. Como tais etnias admitem formas variáveis de participação – decorrentes, por exemplo, da socialização em áreas culturais distintas ou de imigração mais ou menos recente – estas diferenças de grau de assimilação podem assumir o caráter de modos diferenciados de exprimir a autoidentificação com a etnia nacional. Outro conceito que tivemos de reformular foi o de *cultura autêntica* e *cultura espúria*, inspirado em Edward Sapir (1924), mas aqui utilizado no sentido de culturas mais integradas internamente e mais autônomas no comando do seu desenvolvimento (autênticas), em oposição a culturas traumatizadas e correspondentes a sociedades submetidas a vínculos externos de dominação que as tornam dependentes de decisões alheias e cujos membros estão mais sujeitos à alienação cultural, ou seja, à introjeção da visão do dominador sobre o mundo e si próprios (espúrias).

Estes perfis culturais contrastantes são os resultados naturais e necessários do próprio processo civilizatório que, em um caso, preserva e fortalece a autenticidade cultural e, no outro, frustra qualquer possibilidade de preservar o *ethos* original ou redefini-lo com liberdade de seleção e de incorporar no contexto cultural próprio as inovações oriundas da entidade colonialista. Nestas circunstâncias, quebra-se, irremediavelmente, a integração cultural que perde os níveis mínimos de congruência interna, caindo em alienação por nutrir-se de ideias alheias indigeridas, não correspondentes à sua própria experiência, mas aos esforços de justificação do domínio colonial.

Os povos modernos que se alçaram sobre as velhas civilizações avassaladas pelo colonialismo europeu, bem como os surgidos das feitorias tropicais instaladas em ambientes diversos e compostas por gente morena ou negra, sofreram, assim, uma compressão alienante que representou o papel de uma tara de atraso, da qual, só em nossos dias estão começando a libertar-se. Nestes casos, a cultura nascente, no que concerne ao *ethos* nacional, conformou-se sob a pressão de dois modeladores. Primeiro, a erradicação, através da deculturação compulsória, das concepções etnocêntricas originais que lhes permitiam aceitar sua própria imagem, orgulhosos dela, como o protótipo do humano. Segundo, pela construção de uma nova concepção de si mesmos, reflexos das ideias de seus dominadores e, por isso, necessariamente degradante, porque os descrevia como criaturas grotescas, intrinsecamente inferiores e incapazes de progresso. Atuando por estes mecanismos, tais modeladores – o primeiro, por erradicação, o segundo, por doutrinação – conformaram etnias nacionais como construções espúrias.

1. Os povos americanos

Nada no mundo ficou imune às forças transformadoras desencadeadas pela expansão europeia movida pelas duas revoluções tecnológicas que fizeram dos povos ibéricos e, depois, de outros povos europeus os motores de sucessivos processos civilizatórios. Tais foram a Revolução Mercantil que criou as primeiras civilizações de base mundial e a Revolução Industrial que opera, ainda hoje, como a principal força de uniformização socioeconômica e cultural dos povos, tendentes a integrá-los numa civilização humana comum.

Os processos civilizatórios desencadeados por aquelas revoluções estão na base da reordenação da natureza, cuja flora e cuja fauna se estandardizaram largamente em todas as latitudes. Por eles se explica, também, a transfiguração dos povos ocorrida nos últimos séculos e que, através da dizimação de milhares de etnias, da fusão de raças, de línguas e de culturas, deu lugar à presente configuração étnica do mundo. Por eles, ainda, é que se explica a generalização crescente, entre todos os povos, das mesmas técnicas produtivas, dos mesmos modos de ordenação social e política e de idênticos corpos de saber, de crenças e de valores.

O produto real desta expansão civilizadora é o mundo moderno, unificado pelo comércio e pelas comunicações, movido pelos mesmos procedimentos produtivos e inspirado num corpo comum de compreensões e de valores. As diferenças de raças, de culturas e de línguas que colorem as etnias com qualidades singulares são, hoje, menos relevantes que as uniformidades decorrentes do impacto que sobre elas exerceu a expansão europeia, enquanto agente civilizatório.

Estas uniformidades são de duas ordens. Primeiro, as socioeconômicas concernentes ao grau e ao modo de integração dos povos na civilização industrial moderna que os faz sociedades desenvolvidas ou subdesenvolvidas, dentro de formações capitalistas-mercantis, imperialistas-industriais, coloniais e neocoloniais ou socialistas.[6] Segundo, as de caráter histórico-

---

6   Sobre as formações socioculturais, ver RIBEIRO, Darcy – *O processo civilizatório*.

-cultural, decorrentes de distintos processos de formação étnica, cujas características permanecem atuantes e são explicativas do modo de ser destes povos. No presente trabalho, nos propomos explorar o valor explicativo destas últimas uniformidades. Para isto faremos um estudo acurado das condições em que entraram em interação as populações postas em confronto pela expansão europeia; de como se combinaram suas características culturais para constituir novas entidades étnicas, e de como atuaram sobre elas as forças transformadoras da revolução tecnológica mercantil e da industrial. Com este tipo de análise visamos determinar que características gerais e comuns a diferentes povos permitem agrupá-los em conjuntos uniformes com respeito a certos atributos socioculturais e quantos destes conjuntos são discerníveis, enquanto categorias explicativas do modo de ser das sociedades extraeuropeias e dos problemas de desenvolvimento com que elas se defrontam.

Dentro desta perspectiva, os povos extraeuropeus do mundo moderno podem ser classificados em quatro grandes configurações histórico-culturais. Cada uma delas engloba populações muito diferenciadas, mas também suficientemente homogêneas quanto às suas características básicas para serem legitimamente tratadas como categorias distintas. Tais são os *Povos-Testemunho*, os *Povos-Novos*, os *Povos-Transplantados* e os *Povos--Emergentes*.

Os primeiros são constituídos pelos representantes modernos de velhas civilizações autônomas sobre as quais se abateu a expansão europeia. O segundo bloco, designado como *Povos-Novos*, é representado pelos povos americanos plasmados nos últimos séculos como um subproduto da expansão europeia pela fusão e aculturação de matrizes indígenas, negras e europeias. O terceiro – *Povos-Transplantados* – é integrado pelas nações constituídas pela implantação de populações europeias no ultramar, com a preservação do perfil étnico, da língua e da cultura originais. *Povos--Emergentes* são as nações novas da África e da Ásia cujas populações ascendem de um nível tribal ou da condição de meras feitorias coloniais para a de etnias nacionais.

Estas categorias se fundam em duas premissas. Primeiro, a de que os povos que as compõem são tal qual em nossos dias, como resultado da expansão mercantil europeia e da reordenação posterior do mundo pela civilização de base industrial; segundo, a de que estes povos, tendo sido distintos, originalmente, no plano racial, social e cultural, conservaram características peculiares e mesclaram-nas com as de outros povos, formando componentes híbridos singulares. Estes apresentam suficiente uniformidade tipológica para serem tratados como configurações distintas e explicativas de seu modo de ser.

É de assinalar, todavia, que estas configurações não devem ser tidas como entidades socioculturais independentes – como são as etnias – porque lhes falta um mínimo de integração que as ordene internamente e lhes permita atuar como unidades autônomas. As entidades efetivamente atuantes são as sociedades e culturas particulares que as compõem e os estados nacionais em que se dividem. Estes é que constituem unidades operativas – tanto para a interação econômica como para a ordenação social e política – na qualidade de quadros étnico-nacionais dentro dos quais se cumpre o destino dos povos.

Entretanto, as categorias propostas representam conglomerados de povos reais e distintos uns dos outros, em virtude do paralelismo do processo de formação étnica e da uniformidade dos problemas de desenvolvimento com que se defrontam as sociedades reunidas em cada uma delas. Nos termos destas configurações histórico-culturais – mais do que no de suas nacionalidades componentes ou de sua composição racial, ou ainda dos diferenciadores climáticos, religiosos e outros – é que se pode situar, no mundo moderno, cada povo extraeuropeu para explicar como chegou a ser o que é agora; para entender os processos históricos de desenvolvimento socioeconômico que eles viveram; e para determinar os fatores que, em cada caso, atuaram como aceleradores ou como retardadores de sua integração no estilo de vida das sociedades industriais modernas.

Os Povos-Testemunho

A primeira destas configurações histórico-culturais que designamos como POVOS-TESTEMUNHO é integrada pelos representantes dos povos de alta civilização que sofreram o impacto da expansão europeia. Eles são resultantes modernos da ação traumatizadora daquela expansão e dos seus próprios esforços de reconstituição étnica como sociedades nacionais modernas. Os que foram diretamente colonizados, uma vez reintegrados na independência, não voltaram a ser o que eram antes, porque se haviam transfigurado profundamente, não só pela conjunção das suas tradições com as europeias, mas pelo esforço de adaptação às condições que tiveram de enfrentar como integrantes subalternos de sistemas econômicos de âmbito mundial e, também, pelos impactos diretos e reflexos que sofreram da revolução mercantil e da industrial.

Neste bloco de *Povos-Testemunho* se contam a Índia, a China, a Indochina, o Japão, a Coreia, os países islâmicos. Nas Américas, são representados pelo México e pela Guatemala, bem como pelos povos do Altiplano Andino – Bolívia, Peru e Equador – sobreviventes das civilizações Asteca e Maia, os primeiros, e da civilização incaica, os últimos. Eles representavam 14,2% da população total da América, em 1965, com um montante de 65,7 milhões de pessoas.

Mais do que povos atrasados na história, eles são os povos espoliados da história. Contando originalmente com enormes riquezas acumuladas que poderiam ser utilizadas, agora, para custear sua integração nos sistemas industriais de produção, as viram saqueadas pelo europeu; saqueio que prosseguiu com a espoliação do produto do trabalho de seus povos através de séculos. Quase todos eles se encontram ainda engajados na economia mundial como áreas neocoloniais e que lhes fixa um lugar e um papel determinado, limitando ao extremo suas possibilidades de desenvolvimento autônomo. Séculos de subjugação ou de dominação direta ou indireta impuseram-lhes profundas deformações que não só depauperaram seus povos como também traumatizaram toda a sua vida cultural.

Como problema básico, enfrentam a integração dentro de si mesmos das duas tradições culturais de que se fizeram herdeiros, não apenas diversas, mas em muitos aspectos contrapostas. Primeiro, a contribuição europeia de técnicas, de línguas, costumes e crenças, cuja incorporação ao antigo patrimônio cultural se processou à custa da redefinição de todo o seu modo de vida e da alienação de sua visão de si mesmos e do mundo. Segundo, seu antigo acervo cultural que, apesar de drasticamente reduzido e traumatizado, preservou costumes, formas de organização social, corpos de crenças e de valores profundamente arraigados em vastas camadas da população, além de um patrimônio de saber vulgar e de estilos artísticos peculiares que encontram, agora, oportunidade de reflorescer como instrumentos de autoafirmação nacional. Atraídos simultaneamente pelas duas tradições, mas incapazes de fundi-las numa síntese significativa para toda a sua população, conduzem dentro de si, ainda hoje, o conflito entre a cultura original e a civilização europeia. Alguns deles tiveram sua "modernização" dirigida pelas potências europeias que os dominaram; outros se viram compelidos a promovê-la intencionalmente ou a intensificá-la como condição de sobrevivência e de progresso em face da sanha espoliativa a que estavam submetidos e de superação dos óbices representados pelo atraso tecnológico e pelo arcaísmo de suas estruturas sociais.

Dentre os *Povos-Testemunho*, apenas o Japão e, mais parcialmente e recentemente, a China conseguiram incorporar às respectivas economias a tecnologia industrial moderna e reestruturar suas próprias sociedades em novas bases. Todos os demais são povos bipartidos em um estamento dominante mais europeizado, por vezes biologicamente mestiçado e culturalmente integrado nos estilos modernos de vida, oposto a amplas massas marginalizadas – sobretudo de camponeses – por seu apego a modos de vida *arcaicos* e resistentes à modernização.

Os dois núcleos de *Povos-Testemunho* das Américas, como povos conquistados e subjugados, sofreram um processo de compulsão europeizadora muito mais violento de que resultou sua completa transfiguração étnica. Seus perfis étnico-nacionais de hoje já não são os originais. Conformam perfis neo-hispânicos metidos nos descendentes da antiga sociedade, mestiçados com europeus e negros. Enquanto os demais povos extraeuropeus de alta cultura, apesar da dominação que sofreram, apenas coloriram sua figura étnico-cultural original com influências europeias, nas Américas, a etnia neoeuropeia é que se tinge com as cores das antigas tradições culturais, tirando delas características que as singularizam.

A Espanha deparara na Mesoamérica e no Altiplano Andino com populações muito maiores do que a sua própria, estruturadas em formações socioculturais totalmente distintas das prevalecentes na Europa. Eram

Impérios Teocráticos de Regadio do mesmo tipo dos que configuraram as altas civilizações da Mesopotâmia (2350 a.C.), do Egito (2070 a.C.), da China (1122 a.C.), da Índia (327 a.C.) e do Cambodja (600). Como aquelas civilizações, os impérios americanos se assentavam numa agricultura intensiva de regadio, servida por portentosos sistemas de canais controlados pelo Estado, que permitiram criar nas áreas em que foram implantados em todo o mundo as maiores concentrações humanas que se conhece.[7]

Paralisadas pelo ataque espanhol, tanto a sociedade mexicana como a maia e a incaica entraram em colapso, vendo substituídas suas classes dirigentes por minorias estrangeiras que, desde então, passaram a remodelar suas culturas através de toda a sorte de compulsões. Este desígnio cumpriu-se através de vários mecanismos, dentre eles, a dizimação intencional da antiga cúpula governamental e sacerdotal, depositária da tradição erudita daquelas culturas e a depopulação provocada, a seguir, pelas epidemias com que foram contagiados, pelo engajamento no trabalho escravo e por efeito de inovações técnicas e agrícolas que desequilibraram sua antiga base ecológica.

Sob estas condições de hecatombe social é que as duas tradições culturais – a europeia e a indígena – entraram em conjunção. A primeira, representada pela minoria de agentes da dominação externa, se manteve íntegra e se armou de todos os poderes para impor-se. A última foi decepada dos conteúdos mais avançados de uma sociedade urbana, que eram seus setores letrados; traumatizada sob a pressão das forças desencadeadas pela depopulação e pela deculturação compulsória; despojada de suas riquezas

---

[7] O montante populacional dos Impérios Teocráticos de Regadio das Américas tem sido objeto das avaliações mais díspares. Dentre as mais conservadoras encontra-se a de L. Kroeber (1939), que admitia um total de 6,3 milhões para os Incas, Maias e Astecas; a de Rosenblat (1954), que as avaliou em 7,8 milhões, e a de J. Steward (1949), que as elevou a 9,2 milhões.
Estudos mais recentes, baseados na utilização de novas fontes e no emprego de critérios mais precisos alçaram esses montantes a magnitudes muito maiores. W. Borah (1962, 1964) estimou a população pré-colombiana do México Central em 25 a 30 milhões e H. Dobyns (1966) e P. Thompson (1966) situaram entre 30 e 37,5 milhões a população daquela área, a que acresceram mais 10 a 13 milhões para a América Central e, também, 30 a 37,5 milhões para a região andina. Segundo estas avaliações, seria admissível que as populações estruturadas nos Impérios Teocráticos de Regadio das Américas alcançassem um montante de 70 a 80 milhões de habitantes antes da conquista. Um século e meio depois, aquelas populações haviam sido reduzidas a cerca de 3,5 milhões, tal o impacto da depopulação a que foram submetidas.

acumuladas e privadas, de seus corpos de técnicos e artesãos, pela conversão de toda a força de trabalho num "proletariado externo", degradados à condição de trabalhadores braçais das minas, de operários de construção e de produtores de artigos tropicais para exportação. A resultante deste processo de colonização foi a degradação das civilizações assaltadas e a sua conversão em sociedades subjugadas e em culturas espúrias.

Através de décadas, os *Povos-Testemunho* da América não contaram com um modo de vida próprio, definido e congruente. O velho morrera como força integradora e não surgira ainda um novo. Desgastados pelas epidemias, conduzidos à despersonalização pelo escravismo e levados ao desespero pela negação dos valores que davam sentido à existência, se transformaram em rebanhos, cujos membros nasciam e morriam, apenas vivendo para cumprir a sina que lhes era imposta. Ao longo de todo esse tempo, conservaram e transmitiram, de geração a geração, retalhos da velha tradição, cuja atualização na conduta era quase inviável mas que ainda comovia aos seus descendentes. Simultaneamente, absorviam maciçamente conteúdos culturais novos tomados do patrimônio dos conquistadores.

Nestas circunstâncias é que surgiram as primeiras células de uma cultura ladina que se esforçava por conformar-se. Estas células híbridas, por metade neoindígenas, por metade neoeuropeias, é que atuariam sobre o contexto traumatizado, assimilando parcelas cada vez maiores dele para um novo modo de ser e de viver. Mergulhavam, assim, continuamente, na cultura original, para dela emergir cada vez mais diferenciados, tanto da tradição antiga como do modelo europeu.

O processo operou sempre dentro do enquadramento representado pela capacidade de compulsão da nova civilização, cujos aparatos técnicos, institucional e sobretudo mercantil eram mais avançados, e cuja camada dominante regia a sociedade com enorme poder de coação. Nestas condições, o esforço de ladinização operou, essencialmente, como um mecanismo de engajamento das massas indígenas na força de trabalho do novo sistema produtivo, posta a serviço de sua camada dirigente. A disciplina de trabalho, em regime escravo ou servil, mais que a aculturação ou a conversão religiosa é que amalgamaria e integraria esses povos na sociedade nascente, como seu proletariado.

Ao contrário do que sucedia nas colônias de povoamento da América do Norte, onde um povo crescia pela multiplicação de núcleos dotados de condições para prover sua própria subsistência e de exprimir suas concepções de vida, aqui se engajavam enormes contingentes humanos utilizados como combustível para operar o sistema produtivo colonial e para servir a projetos alheios. Ao contrário, também, dos *Povos-Novos* que surgem da deculturação de etnias tribais pouco avançadas culturalmente, aqui, a espanholização e a implantação de novas instituições ordenadoras jamais conseguiram erradicar a massa de costumes, de crenças e de valores do antigo *ethos* incorporados naquelas células iniciais e ainda hoje sobreviventes no seu modo de ser de povos modernos.

A recordação de um tempo passado de grandeza, a indignação moral com o drama de que foram vítimas e o próprio peso das tradições de uma alta civilização recheiam de pedras o cimento europeu da nova configuração sociocultural. Apesar de todas as compulsões que presidiram sua constituição, as novas etnias ladinas emergiram, por isto, marcadas por singularidades que definiriam, no futuro, o perfil dos *Povos-Testemunho*.

Comparados com outras etnias americanas, os *Povos-Testemunho* singularizam-se tanto pela presença dos valores da velha tradição que preservaram e lhes conferem a imagem que ostentam, como por seu processo de reconstituição étnica muito diferenciado. Sobre o espólio das sociedades mesoamericanas e andinas, os conquistadores espanhóis implantaram-se, desde os primeiros anos, como uma aristocracia que, sucedendo à velha classe dominante, colocou desde logo a seu serviço as camadas intermediárias e toda a massa servil. Puderam viver, assim, em palácios mais ostentatórios que os mais ricos da velha nobreza espanhola. Erigiram templos suntuosos como a Espanha jamais tivera. E, sobretudo, puderam montar um sistema compulsório de europeização que, começando pela erradicação da classe dominante nativa e da sua camada erudita, acabou por implantar um enorme instrumental assimilatório e repressivo que ia desde a catequese em massa até a criação de universidades e a manutenção de enormes contingentes militares prontos a se abaterem contra qualquer tentativa de rebelião.

Além das tarefas de desenvolvimento socioeconômico comuns a todas as nações subdesenvolvidas os representantes contemporâneos dos *Povos-*

-*Testemunho* defrontam-se com problemas culturais específicos decorrentes do desafio de incorporar suas populações marginais no novo ente nacional e cultural que emerge, desatrelando-as das tradições arcaicas menos compatíveis com o estilo de vida de sociedades industriais modernas. Alguns dos seus contingentes humanos básicos constituem grupos indígenas distintos por sua diversidade cultural e linguística e por sua autoconsciência de etnias diferenciadas da nacional. Não obstante os séculos de opressão, tanto colonial quanto nacional, no correr dos quais todas as formas de compulsão foram utilizadas para assimilá-los, estes contingentes indígenas continuaram fiéis à sua identidade étnica, preservando modos próprios de conduta e de concepção do mundo. Esta resistência secular está a demonstrar que, com toda a probabilidade, estes contingentes permanecerão diferenciados, à semelhança dos grupos étnicos enquistados na maioria das nacionalidades europeias atuais. No futuro, deverão configurar-se como modos distintos de participação na vida nacional, como o dos judeus ou dos ciganos em tantas nações, ou como bolsões étnico-linguísticos díspares, equivalentes aos que sobrevivem na Espanha, na Grã-Bretanha, na França, na Tchecoslováquia ou na Iugoslávia. Para alcançar esta forma de integração, porém, necessitarão de um mínimo de autonomia que lhes foi sempre negada; da supressão de mecanismos compulsórios destinados a forçar sua incorporação como contingentes indiferenciados da sociedade nacional; e da aceitação pelos *Povos-Testemunho* de seu caráter de entidades multiétnicas.

No curso do processo civilizatório desencadeado pela revolução industrial, os *Povos-Testemunho* das Américas emergiram para a independência. Três séculos de avassalamento colonial os haviam tornado muito mais pobres do que eram antes e os haviam modelado como uma cultura espúria, incapaz de aceitar sua própria imagem étnica, orgulhosos dela, e de integrar nas suas tradições originais sobreviventes a massa de elementos culturais tomados ao dominador. Viram-se, assim, compelidos a prosseguir o processo aculturativo, uma vez que, somente completando sua europeização alcançariam certa homogeneidade como etnia nacional. Aos problemas de desenvolvimento, mediante a inserção no sistema capitalista e na civilização industrial, se somavam, para eles, as tarefas da absorção étnica de enormes massas marginalizadas social e culturalmente.

A classe dominante nativa que liderou a independência dos *Povos--Testemunho* o fez com o intuito de substituir-se aos agentes metropolitanos de dominação. Uma vez colocada no comando das novas sociedades nacionais procurou acelerar, por todos os modos, o processo de europeização, mas, simultaneamente, tratou de fazer com que a modernização e o desenvolvimento se processassem sob a égide de seus interesses. Este fator de constrição passou a operar, desde então, como o condicionador básico do processo de renovação social e como seu deformador.

Os *Povos-Testemunho* das Américas, como produto desse processo peculiar de formação étnica, caracterizam-se pela partição de suas sociedades em três segmentos superpostos, diferenciados por sua identificação étnica como indígenas ou como neoamericanos e por sua participação desigual no acesso à riqueza nacional e ao controle do poder político. O estamento superior é formado pela camada dos "brancos por autodefinição", racial e culturalmente mais hispanizado que, controlando a economia e as instituições políticas e militares, as rege de acordo com seus interesses. O estamento intermédio considerado "mestiço" o é menos racialmente – embora tenha absorvido vasta proporção de genes europeus ou africanos – do que por sua integração na cultura hispano-americana através da espanholização linguística, da conversão ao catolicismo e da incorporação orgânica na força de trabalho da sociedade nacional. O terceiro estamento é formado pela massa dos marginalizados culturalmente como indígenas. Hoje eles pouco têm de comum com a indianidade pré-colombiana porque seu modo de ser indígena é também um produto da dominação, primeiro colonial, depois nacional-oligárquica que, ao integrá-los parcialmente no sistema econômico como o setor mais explorado, os fez indígena-modernos sem fazê-los neoamericanos. A integração deste contingente marginalizado cultural, social e economicamente no corpo da nação é o grande desafio com que se defrontam os *Povos-Testemunho* para completar a construção do seu perfil étnico-nacional.

Um rompimento parcial com esta conjura foi alcançado pelos mexicanos através de uma revolução longa e sangrenta (1910-1919) que lhes ensejou condições de realizar sua reforma agrária e iniciar uma industrialização autônoma. Um esclerosamento posterior do processo revolucionário veio, porém, limitar estas possibilidades, colocando o México num enquadramento desfavorável no sistema econômico internacional só capaz de ritmos lentos de progresso e que adia para tempos imprevisíveis o pleno desenvolvimento econômico e social da nação bem como o amadurecimento das condições de autoexpressão do seu povo.

A revolução boliviana (1952-1961) que, nos seus primeiros passos, parecia configurar-se como uma ruptura definitiva com a condição de estagnação a que seu povo foi condenado desde a conquista, sofreu uma regressão ainda mais violenta. Rompimento importante é o que está sendo tentado pelo Peru. Este país vive um momento crucial de sua história e da história latino-americana, procurando um modelo de reordenação socioeconômica – o nacionalista-modernizador – que será decisivo se realizar suas melhores potencialidades.

Os Povos-Novos

A segunda configuração histórico-cultural extraeuropeia é constituída pelos povos-novos surgidos da conjunção e da deculturação e caldeamento de matrizes étnicas africanas, europeias e indígenas. São designados como *Povos-Novos* em atenção à sua característica fundamental de *especia novae*, enquanto entidades étnicas distintas de suas matrizes formadoras e porque representam antecipação do que virão a ser, provavelmente, os grupos humanos de um futuro remoto: cada vez mais mestiçados e uniformizados e, desse modo, homogeneizados racial e culturalmente.

Como populações plasmadas pela amalgamação biológica e pela aculturação de etnias díspares dentro de um enquadramento escravocrata e fazendeiro, são *Povos-Novos* os brasileiros, os venezuelanos, os colombianos, os antilhanos, uma parte da população da América Central e do Sul dos Estados Unidos. Os dois últimos, experimentando o mesmo processo formativo, configuram-se também como *Povos-Novos*, embora os centro-americanos se singularizem por uma presença maior de conteúdos culturais indígenas; e a região sulina norte-americana se descaracterizasse, posteriormente, porque, não tendo conseguido estruturar-se como nação, foi compelida a sobreviver como corpo estranho dentro de uma formação de

Povo-Transplantado. Todo o bloco de *Povos-Novos* das Américas contava, em 1965, com uma população de 143,7 milhões de pessoas, representando 32,1% da população do continente. Uma segunda categoria de *Povos-Novos*, pronunciadamente diferenciada da primeira por sua formação étnico-nacional basicamente indígeno-tribal e por não ter experimentado as compulsões da *plantation*, encontra-se no Chile e no Paraguai. Foram *Povos-Novos* do mesmo tipo destes últimos, embora mais tarde etnicamente transfigurados por um processo de sucessão ecológica que os europeizou maciçamente, o Uruguai e a Argentina.

Os *Povos-Novos* constituem a configuração histórico-cultural mais característica das Américas porque surgiram em todo o continente, embora tenham sido posteriormente transfigurados em certas áreas. Seus símiles são as formas incipientes de alguns povos europeus modernos que tiveram moldadas suas matrizes étnicas fundamentais mediante o domínio e a miscigenação de populações estranhas por colonizadores escravistas. Assim surgiram a macroetnia ibérica e as etnias nacionais francesa, italiana e rumaica, como resultado de projetos romanos de colonização mercantil que transfiguraram cultural e linguisticamente suas populações originais por força do domínio militar, dos deslocamentos de populações, da escravização, da amalgamação e da deculturação. São seus equivalentes, também, os povos transfigurados pela expansão muçulmana através de processos similares de dominação colonial e que somam, hoje, mais de 300 milhões de pessoas distribuídas pela Ásia e pela África. Em todos estes casos – como nos americanos – deparamos com o surgimento de *Povos-Novos* pela conjunção e amalgamação de etnias originalmente muito diferenciadas, sob condições de domínio despótico por parte de agentes colonizadores de sociedades mais desenvolvidas ou de *herenvölkers* capazes de conquistar e dinamizar sociedades mergulhadas no feudalismo e integrá-las num amplo sistema mercantil internacional.

Os *Povos-Novos* das Américas constituíram-se pela confluência de contingentes profundamente díspares em suas características raciais, culturais e linguísticas, e como um subproduto de projetos coloniais europeus. Reunindo negros, brancos e índios para abrir grandes plantações tropicais ou para a exploração mineira, visando atender aos mercados europeus e gerar lucros, as nações colonizadoras acabaram por plasmar, a seu pesar, povos profundamente diferenciados de si mesmas e de todas as outras matrizes formadoras.

Postos em confronto nas mesmas comunidades, estes contingentes básicos, embora exercendo papéis distintos, entraram a mesclar-se racialmente e a se fundir culturalmente com maior intensidade do que em qualquer outro tipo de conjunção. Assim, ao lado do branco, chamado a exercer os papéis de chefia da empresa; do negro, nela engajado como escravo; do índio, também escravizado ou tratado como mero obstáculo a erradicar, foi surgindo uma população mestiça que fundia aquelas matrizes raciais e culturais nas mais variadas proporções. Nesse encontro de povos surgiram línguas francas como instrumentos indispensáveis de comunicação e se plasmaram culturas sincréticas, feitas de pedaços tomados dos diferentes patrimônios que melhor se ajustavam às suas condições de vida.

Poucas décadas depois de inaugurados os empreendimentos coloniais-escravistas nas Américas, a nova população, nascida e integrada nas plantações e nas minas, já não era europeia, nem africana, nem indígena, mas configurava protocélulas de um novo corpo étnico. Crescendo vegetativamente e pela incorporação de novos contingentes, aquelas protocélulas foram conformando os *Povos-Novos* que, aos poucos, tomam consciência de sua especificidade e acabam por constituir-se em novas configurações culturais e, por fim, em etnias aspirantes à autonomia nacional.

Os *Povos-Novos* das Américas são o resultado de formas específicas de dominação étnica e de organização produtiva sob condições de extrema opressão social e deculturação compulsória que, embora exercidas em outras épocas e em distintas áreas do mundo, alcançaram na América Colonial a mais ampla e a mais rigorosa aplicação. Tais foram, em primeiro lugar, a colonização europeia do Novo Mundo, mediante a escravidão utilizada como processo capitalista-mercantil de aliciamento de mão de obra de povos tribais, africanos e aborígenes, para a produção agrícola e a exploração mineral. Em segundo lugar, a instauração do sistema de fazenda como instituição básica e como modelo de organização empresarial capitalista que, reunindo o domínio da terra e a possessão da força de trabalho, permitia produzir artigos destinados ao mercado mundial, a fim de obter lucros pecuniários.

Na sua forma escravocrata e, depois, "livre", a fazenda tem sido a instituição básica conformadora do perfil dos *Povos-Novos*. Dentro do seu condicionamento é que se modelaram a família, a religiosidade, a nação mesma, como projeção de sua estrutura elementar sobre a ordenação legal do Estado, e do seu papel hegemônico sobre os poderes públicos. Modeladora básica da sociedade, a fazenda se imprimiu tanto nos descendentes dos que nela mourejavam como escravos ou como força de trabalho livre, quanto sobre as camadas dominantes, rurais e urbanas, deformados todos pelo espírito autocrático-paternalista, pelos gostos senhoriais, pela discriminação racial e social.

O mesmo modelo básico de fazenda serviu para abrir grandes monoculturas de cana e fábricas de açúcar; para organizar as grandes plantações de algodão, de café, de tabaco, de cacau, de bananas, abacaxis e outros produtos; primeiramente, dentro do regime escravocrata e, após a abolição, com trabalhadores livres. Foi também empregado, com as necessárias adaptações, à criação extensiva de gado com objetivos comerciais e até ao extrativismo vegetal. Estas formas diferenciadas do modelo de fazenda tinham de comum com as demais o domínio privado do território onde operavam e o controle de um contingente humano posto a serviço da empresa, sem qualquer respeito por seus costumes ou aspirações que se pudessem opor aos imperativos da produção e do lucro. Todos tinham como denominador comum o seu caráter de instituições mercantis que permitiam vincular populações de ultramar à economia europeia.

Em certo sentido, a fazenda colonial se antecipa à fábrica moderna, por suas características de concentração de trabalhadores, sob o comando patronal do proprietário dos meios de produção, visando à apropriação do produto do seu trabalho. Era, contudo, uma "fábrica" esdrúxula, porque rural e escravocrata e, por isso, capacitada a isolar os que nela estavam internados, configurando comunidades atípicas, cujo ritmo de trabalho e de lazer, cujos costumes, cujas crenças, cuja organização familiar, cuja vida inteira se sujeitavam à intervenção dominadora de uma vontade estranha.

A oposição natural e irredutível entre os interesses patronais que visam a extrair o máximo de lucro da empresa e os "proprietários" que buscam obter uma parcela maior dos valores que criam, se restringe, dentro da fazenda tradicional, a limites extremos. Nestas condições, o trabalhador só pode diminuir seu ritmo de trabalho para desgastar-se menos rapidamente, ou fugir para ser caçado, se se trata de um escravo, ou ainda, procurar outra fazenda de regime equivalente, quando cai numa dessas formas espúrias de assalariado que sucederam à escravidão.

Na fazenda, sob o regime escravista, não havia lugar para o pai de família em relação à companheira e aos filhos, também *peças* pertencentes ao amo e não a ele. Ainda hoje, não cabe o cidadão, porque a pátria é a fazenda para quem nasce e vive nos limites dos seus cercados. Entre a fazenda e o mundo exterior – dos negócios, da sociedade, da nação, da religião – só cabe um mediador, que é o fazendeiro, como seus papéis de patrão, de padrinho, de protetor, de chefe político e de empresário. A própria classe dominante das sociedades configuradas como *Povos-Novos*, sob a égide do sistema de fazendas se formou, por isto, mais como um corpo gerencial de um empreendimento econômico europeu do que a cúpula de uma sociedade autêntica. Só muito lentamente se capacitou para assumir o papel de liderança nativa, e quando o fez foi para impor à sociedade inteira, transformada em nacionalidade, uma ordenação oligárquica fundada no monopólio da terra que asseguraria a preservação do seu papel reitor e a conscrição do povo como força de trabalho, servil ou livre, posta a serviço de seus privilégios.

Implantadas sobre uma sociedade assim estruturada, as instituições republicanas se conformaram como um simulacro de autogoverno popular incapaz de disfarçar o caráter efetivamente oligárquico do poder que se esconde atrás da aparatosidade democrático-representativa. A própria revolução industrial, operando sobre tal contexto, encontra resistências que desfiguram todas as suas potencialidades de reordenação social. Estas resistências decorrem do caráter exógeno da economia de fazendas, estruturada antes para atender às necessidades alheias do que às da população nela engajada.

Os perfis culturais dos *Povos-Novos* se diferenciam, também, segundo três ordens de variantes, correspondentes às matrizes europeias, africanas e americanas que se conjugaram para constituí-los. No primeiro caso, estas variantes opõem os diversos povos europeus que promoveram a colonização das Américas. A principal diferença, neste caso, é a que contrasta os colonizadores latinos dos demais. E estas diferenças são irrelevantes com respeito ao processo de formação dos *Povos-Novos*, em face do poder uniformizador do denominador comum representado pelo escravismo e pelo sistema de *plantation* que presidiu a atuação de todos os colonizadores. Comprova esta irrelevância a uniformidade essencial de todos os *Povos-Novos* constituídos com base naquelas formas de contingenciamento da força de trabalho e de organização empresarial capitalista-mercantil. É certo que a maior maturidade institucional e econômica como formação capitalista dos colonizadores não latinos acrescentou coloridos distintos a certas áreas. Mas não chegou a diferenciá-las tão substancialmente que pudesse infundir características peculiares às etnias-nacionais resultantes.

Os poderes de dominação exercidos pelos agentes europeus da colonização dos *Povos-Novos* fizeram de cada unidade, linguisticamente, luso-americanas, hispano-americanas, franco-americanas, anglo-americanas, batavo-americanas e as aculturou segundo tradições católicas ou protestantes, no espírito dos corpos de instituições, de costumes e hábitos prevalecentes na metrópole colonial. Estas diferenças altamente significativas para a compreensão das entidades nacionais em suas singularidades são, contudo, irrelevantes na construção de modelos mais gerais e explicativos. Sua importância maior está no seu caráter de enquadramentos culturais gerais, qualificadores da ação de cada contingente europeu. Sobre estes fatores culturais diferenciadores prevaleceram, porém, os socioeconômicos, condicionadores da subjugação e da conformação das populações americanas, através da colonização escravista que as configurou como *Povos-Novos*.

Na segunda variante, concernente à matriz africana, é mais significativa a presença e a proporção dos seus contingentes integrados em cada população neoamericana do que a variação cultural dos diversos grupos tribais negros trazidos à América. Isto porque a deculturação, sob condições de escravidão, deixou pouca margem para a impressão de traços culturais específicos dos povos africanos nas etnias nacionais modernas das Américas. Apenas no terreno religioso são assinaláveis suas contribuições. Mesmo estas, impregnadas de sincretismos, são mais expressivas do protesto do negro contra a opressão a que é submetido, do que da preservação de corpos originais de crenças.

A destribalização do negro e sua fusão nas sociedades neoamericanas constituiu um dos mais portentosos movimentos de população e o mais dramático processo de deculturação da história humana. Para efetuá-lo, o europeu arrancou da África, em quatro séculos, mais de 100 milhões de negros vitimando cerca da metade no apresamento e na travessia oceânica, mas conduzindo a outra metade para as feitorias americanas onde prosseguiu o desgaste. Um dos efeitos cruciais desta transladação de africanos, e de sua incorporação como escravos na força de trabalho das sociedades americanas nascentes, foi a implantação de uma estratificação étnica com as tensões resultantes da discriminação racial. Acima da diferença entre citadinos e rurícolas e até mesmo a de ricos e pobres passaram a ressaltar as relações fundadas na escravidão que opunham os homens livres aos escravos. Separadas por este distanciamento social, as relações humanas impregnaram-se das vicissitudes de uma coexistência desigualitária que bipartia a condição humana numa categoria superior de "gente" oposta a outra de "bichos": a primeira com todos os direitos, a última somente com os deveres. Muito da discriminação racial e social que ainda hoje padecem os povos americanos tem suas raízes nesta bipartição que fixou, tanto nos brancos quanto nos negros e seus mestiços, rancores, reservas, temores e ascos até agora não erradicados. Seu efeito mais dramático foi a introjeção no negro de uma consciência alienada de sua subjugação, aurida da visão do branco, e que associa à cor negra a noção de sujo e de inferior, explicando e justificando por ela, e não pela exploração, a inferioridade social do negro.

O negro e seus mulatos constituem hoje um dos maiores contingentes da população dos *Povos-Novos*, avaliado em cerca da metade do total. Contam também com parcelas ponderáveis dos habitantes da América do Norte. Constituem, igualmente, a parte da população que mais tende a crescer e, por isso mesmo, a que dará o *colorido* futuro dos povos latino-americanos como "gente de cor". Ao contrário das etnias indígenas contemporâneas, em grande parte inassimiladas, todo este contingente negro e mulato foi deculturado de seu patrimônio original e engajado nas novas etnias americanas.

Incorporados originalmente às suas sociedades como escravos, os negros emergiram para a liberdade como a parcela mais pobre e mais ignorante, incapaz de integrar-se maciçamente nos modos de vida modernos, concentrando-se nas camadas mais marginalizadas, econômica, social e politicamente da vida nacional. A miscigenação, atuando ao longo de séculos, fez das camadas mestiças de negros e brancos uma das matrizes genéticas fundamentais das populações neoamericanas. Mas, simultaneamente, as condenou, enquanto "mulatos", a condições de discriminação apenas mais brandas do que as que pesaram sobre os negros, não lhes ensejando canais de ascensão e de integração social correspondentes àqueles que foram dados aos outros estratos. A erradicação destas discriminações e preconceitos não é um problema do contingente negro e mulato, mas um dos desafios fundamentais das sociedades neoamericanas que só pela integração de todas as suas matrizes e pela franca aceitação de sua própria imagem mestiça, preencherão as condições mínimas para chegarem a ser povos autônomos e culturas autênticas.

A terceira variante, referente à matriz indígena, parece ser mais significativa no plano cultural do que a negra, porque os contingentes nativos encontrados pelos europeus proporcionaram os elementos básicos da adaptação ecológica dos primeiros núcleos neoamericanos. Contribuíram, assim, decisivamente para a configuração das protoculturas de implantação dos empreendimentos colonizadores em terras americanas. Estas variantes indígenas apresentam pelo menos duas formas básicas, correspondentes aos níveis de desenvolvimento tecnológico que havia alcançado cada grupo aborígene e as diferenças dos respectivos patrimônios culturais, parte dos quais ainda sobrevive e é responsável por certas singularidades dos povos neoamericanos.

Tais são, em primeiro lugar, a variante correspondente aos *Tupi--Guarani* da costa atlântica da América do Sul; aos *Aruak* e *Karib* da floresta amazônica e da área do Caribe, classificáveis todos, no plano da evolução sociocultural, no nível correspondente às *Aldeias Agrícolas Indiferenciadas*. Estes povos indígenas participavam de uma mesma forma básica de adaptação às regiões tropicais, através do cultivo das mesmas espécies vegetais e de uma tecnologia produtiva do mesmo nível de desenvolvimento. Em segundo lugar, os *Araucanos* da costa chilena, e as diversas confederações tribais do Noroeste da América do Sul e da América

Central que já haviam alcançado um nível de *Estados Rurais Artesanais* ou progrediam nesse sentido.

Os povos *Tupi-Guarani* ocupavam, ao tempo da descoberta, quase toda a costa atlântica da América do Sul e vastas regiões interioranas onde se instalaram, originalmente, os portugueses e os espanhóis. De sua conjunção resultaram não só mestiços, mas cristalizações culturais novas que acabaram por configurar-se como protocélulas étnico-culturais para as quais aqueles grupos indígenas contribuíram com a língua que se falou nos primeiros séculos e com a quase totalidade das formas de atendimento da subsistência dos núcleos originais brasileiros, rio-platenses e paraguaios. Os *Aruak* e os *Karib* antilhanos, que tinham o mesmo nível de desenvolvimento dos *Tupi-Guarani* e a mesma forma de adaptação ecológica, constituíram a matriz genética e cultural básica das primeiras implantações espanholas naquela área. Apesar de rapidamente exterminados pelo contágio de enfermidades antes desconhecidas e pela escravização, estes povos tribais deram às populações que os sucederam as formas fundamentais de provimento da subsistência que lhes permitiram sobreviver nos trópicos.

Em todas estas regiões, a configuração cultural primitiva em que predominava a contribuição indígena sofreu posteriormente profundas transformações pela introdução de elementos culturais europeus ou africanos e pela especialização econômica como áreas de plantações de produtos tropicais e de pastoreio comercial. Só os paraguaios e, em escala menor, os brasileiros conservam, ainda hoje, nítidos traços linguísticos e culturais resultantes da herança indígena Tupi-Guarani que, por sua distribuição espacial pré-colombiana e por sua uniformidade cultural pré-configuraram o que viriam a ser as etnias nacionais da costa atlântica da América do Sul.

Na costa do Pacífico, os espanhóis defrontaram-se ao sul com vários grupos indígenas dentre os quais se destacam os *Araucanos*, sobre cujas primeiras aldeias subjugadas se plasmou o chileno moderno. Na Venezuela e na Colômbia, bem como na América Central, os espanhóis depararam com os *Chibcha*, os *Timote* e as confederações *Fincenú*, *Pancenú* e *Cenufaná*; com os *Cuna* (Panamá), os *Jicaque* (Nicarágua) e alguns outros. Todos estes povos se encontravam num nível cultural mais alto do que o do primeiro grupo. Aqueles que, como os *Chibcha*, se estruturavam politicamente como *Estados*

Rurais Artesanais, contando com uma classe dominante que procurou conciliar com o invasor e com uma classe subalterna já condicionada a servir a qualquer senhorio, foram prontamente dominados e erradicados como etnias. Os que davam os primeiros passos neste caminho, como os *Araucanos*, não contando ainda com um estrato senhorial conciliador, nem com estamentos subalternos afeitos à exploração do seu trabalho, resistiram por séculos à conquista e, ainda hoje, subsistem como minorias étnicas enquistadas no corpo da nação. Todos estes grupos indígenas, porém, transmitiram alguns dos traços do seu patrimônio cultural às novas etnias nacionais que floresceram em seus territórios, integradas principalmente por mestiços de índias com europeus. Neste processo, também naquelas áreas surgiram etnias neoamericanas resultantes da multiplicação de protocélulas culturais formadas pela fusão de elementos indígenas com europeus. Configuraram, no sul, os chilenos e, no noroeste, os venezuelanos e colombianos, bem como os panamenhos e nicaraguenses, na América Central, plasmando a todos eles como *Povos-Novos*.

Também estes povos experimentaram transformações ulteriores que mudaram profundamente sua configuração original. Em todos os casos, porém, é ainda indispensável reportar ao papel conformador das matrizes indígenas, em suas diversas variantes, para compreender as singularidades que os distinguem como variantes dos *Povos-Novos* e os contrapõem aos *Povos-Testemunho* e aos *Povos-Transplantados* das Américas.

Os traços comuns a todas essas nações e enclaves que as caracterizam como *Povos-Novos* manifestam-se nos seus perfis atuais e nos problemas de amadurecimento étnico-nacional e de desenvolvimento socioeconômico com que se defrontam. Manifestam-se, sobretudo, pelo seu desatrelamento de qualquer tradição arcaica, que permitiu configurar as parcelas mais atrasadas de suas populações como componentes marginais de tipo diverso daquele que encontramos nos *Povos-Testemunho*, porque marginalizados antes social do que culturalmente. O processo de integração compulsória a que foram submetidos deculturou-os drasticamente, conformando-os como massas propensas à mudança e, por isto mesmo, menos conservantistas e mais flexíveis. Mesmo as camadas mais humildes destes povos são, por isto, antes atrasadas que conservadoras e, como tal, mais abertas às inovações.

A categoria de *Povos-Novos*, em cuja formação representaram papel fundamental a escravidão africana e o sistema de fazendas, conformou-se de acordo com dois padrões básicos. O primeiro deles tem de singular a situação em que foram geradas suas primeiras células étnicas – antes da chegada do negro – pela miscigenação e deculturação de contingentes europeus e aborígenes. Estas células elementares nasceram híbridas porque mestiças e porque herdeiras do patrimônio cultural indígena na sua forma de adaptação ao meio; e do europeu por sua estruturação como núcleos vinculados a sociedades mercantis distantes, das quais receberam muitos elementos culturais e a cuja ordenação social tiveram de ajustar-se.

Poucas décadas após a localização de europeus em cada área americana, estas protocélulas já se haviam cristalizado na forma de uma configuração cultural nova, já não indígena, nem europeia. Multiplicando-se por cissiparidade, permitiram ocupar amplos espaços, formando uma primeira matriz que se transformaria, com o tempo, pela especialização em diversos tipos de produção, e pelo ingresso dos contingentes negros. Assim cresceram, vinculados à terra pela herança indígena e ao mundo exterior pelas formas mercantis que viabilizaram seu desenvolvimento como "proletariado externo" de centros reitores europeus. Desenvolveram-se como resultado de projetos exógenos, devotados a atividades agroindustriais de exportação, como os engenhos de açúcar; mineradoras, como a extração de metais preciosos; extrativistas, na recoleta de produtos florestais; e, ainda, pastoris, com a introdução do gado. Estas protocélulas índio-americanas, como primeiras cristalizações culturais dos *Povos-Novos*, absorvendo os contingentes negros e brancos chegados mais tarde é que presidiriam à aculturação de ambas, chamando-os a integrar-se nas suas formas de vida, como o modo de ser das sociedades neoamericanas.

O segundo padrão – prevalecente em algumas das Antilhas francesas e inglesas e no Sul da América do Norte – não contou com esta formação mestiça índio-europeia ou a erradicou ao especializar-se, ulteriormente, como plantações açucareiras ou algodoeiras. Configurou-se, por isto, mais cruamente ainda, como um subproduto de empresas capitalistas que importavam combustível humano, na forma de negros escravos, para gastar nas plantações. Suas fazendas, dirigidas por capatazes mais eficientemente capitalistas que os do resto do continente, alcançaram maior eficácia no rendimento de cada peça, no seu acasalamento para produzir novos escravos e na sua desumanização. Lançado nestes currais humanos, o negro tribal não tinha condições de conservar sua língua e sua cultura, nem de integrar-se numa protocultura já cristalizada que facilitasse sua adaptação à terra nova. Sua aculturação consistiu, assim, num esforço por imitar a fala e as ideias de seus capatazes; em comer o que lhe destinavam; e, sobretudo, em adestrar-se nas singelas tarefas produtivas das fazendas e das minas.

Apesar de tudo, a humanidade intrínseca de alguns crioulos da terra – muitos deles mestiços de branco protestante com as negras – conseguia reagir e alcançava dominar rudimentos da cultura maior, fazendo-se, assim, agente da aculturação do escravo comum. Só desse modo se alargava seu horizonte mental, se enriquecia seu linguajar boçal, livrando-o da singeleza infantil, que não era o reflexo de uma mentalidade primitiva, como se supunha, mas do processo intencional de fazê-lo tão somente um instrumento eficaz, uma besta falante a serviço do amo.

As duas modalidades de estruturação dos *Povos-Novos*, construídos principalmente com mão de obra escrava, trazida da África, distinguem-se, assim, pela presença ou ausência daquela protocélula cultural índio-europeia que imprimiu as marcas distintivas das variantes dos *Povos-Novos* do Brasil, da Nova Granada, das Antilhas espanholas, em oposição às outras formações antilhanas e do sul dos Estados Unidos. Umas e outras têm, porém, de comum o que receberam os seus povos da matriz africana e as uniformidades impressas pelas compulsões comuns que sofreram do sistema de fazenda e do escravismo. Ambos representam o resultado de um dos maiores empreendimentos mercantis da história, aquele que permitiu generalizar em todo o mundo o uso do açúcar, das vestimentas de algodão, do tabaco, do café, do cacau e, mais tarde, de muitos outros produtos. Com ela, também, é que foram exploradas muitas das minas das Américas e edificadas as cidades de todas as nações conformadas como *Povos-Novos*.

A contribuição da mão de obra escrava africana excedeu, porém, de muito estes elementos. Dela resultaram duas outras ordens de efeitos, de vital importância para a compreensão do mundo moderno. Em primeiro lugar, a contribuição provavelmente maior para a acumulação de capitais posteriormente investidos na Europa, para a construção das suas cidades, o armamento dos seus exércitos e, mais tarde, para a implantação dos parques industriais. Na formação destes capitais, o negro contribuiu duplamente. Primeiro, como mercadoria, uma vez que o tráfico negreiro se tornou, durante séculos, um dos maiores negócios do mundo. Segundo, como força de trabalho que produziu as safras das fazendas e os minérios americanos, cuja comercialização possibilitou aquele fantástico acúmulo de capitais, para a dissipação e para a aplicação produtiva. O rápido amadurecimento do capitalismo mercantil, bem como o alto ritmo de aceleração evolutiva experimentado pelos países pioneiros da Revolução Industrial, só se tornaram possíveis graças à contribuição deste vasto "proletariado externo" cujo consumo era comprimido até o limite biológico para produzir o máximo de excedentes.

A segunda contribuição constituiu na formação dos *Povos-Novos* pela amalgamação dos cimentos genéticos trazidos pelo negro com os branco-europeus e os indígenas; na europeização linguística e cultural de seus descendentes que permitiu estender as etnias europeias sobre uma larguíssima província da Terra onde elas se encarnam em povos predominantemente mestiços. Acresce, ainda, que, onde se concentraram grupos negros, a europeização dos demais contingentes se fez mais aceleradamente. Este poder de homogeneização cultural se deve ao imperativo que o negro enfrentou de desenvolver um sistema de compreensões comuns que permitisse o entendimento entre escravos de diversas extrações e entre estes e os demais contingentes que a todos obrigava a conhecer a língua do colonizador, facilitando, assim, sua generalização.

Em algumas das sociedades classificadas como *Povos-Novos* encontramos intrusões de contingentes imigrantes transplantados da Europa e da Ásia no século passado. Em certos casos, eles estão ilhados em determinadas regiões às quais emprestam características peculiares, como a zona europeia do Sul do Brasil, algumas áreas da América Central e do Chile. Em outros casos se dispersam em meio à população nacional só sendo distinguíveis dela pelas marcas raciais que conduzem, como os diversos contingentes centro e norte-europeus, os japoneses, chineses e indianos do Brasil, do Peru e do Caribe respectivamente.

Uma grande parcela dos integrantes destes contingentes, principalmente os europeus, exerceu um papel dinamizador da maior importância na modernização tecnológica, social e política dos *Povos-Novos*. Habilitava-os para o exercício deste papel uma série de características decorrentes de serem oriundos de sociedades mais desenvolvidas a cujos níveis de tecnificação e de aspiração estavam ajustados. Em consequência, destaca-se como uma de suas características a de serem contingentes com mais alta qualificação profissional que as populações locais. Em geral, incluíam certa proporção de artesãos capacitados a criar pequenas oficinas – algumas das quais se tornariam fábricas – ou para trabalhar nas tarefas de modernização tecnológica, como a instalação de ferrovias, portos etc. Segundo, o fato de manterem vínculos culturais com sociedades mais adiantadas, de cujo progresso industrial se podiam informar mais facilmente, e a cujas aspirações de educação escolar eles eram também mais sensíveis que as populações locais, encontrando, assim, canais especiais de ascensão social. Terceiro, em razão de terem uma ampla pauta de consumo que incluía diversos artigos industriais, influindo, com isso, para alargar o mercado nacional e pela difusão de novos hábitos de consumo. Quarto, por sua adaptação prévia a formas mais avançadas de organização do trabalho, fundadas no assalariado e na sua capacidade de aceitar encargos de trabalho manual recusados pelas parcelas brancas das populações locais por serem tidos como próprios de escravos. Quinto, por sua atitude de "estranhos" desobrigados das responsabilidades sociais tradicionais, as quais, acrescidas às suas habilitações intelectuais e técnicas, os tornavam capazes de explorar oportunidades de enriquecimento não perceptíveis ou não aceitáveis para os trabalhadores locais. Sexto, pela capacidade da maioria destes contingentes de se integrarem nas novas sociedades sem constituírem quistos étnicos inassimiláveis.

Ao lado destas contribuições dos contingentes migratórios de trabalhadores livres introduzidos tardiamente nos *Povos-Novos*, se deve assinalar que eles contribuíram também para retardar a integração dos antigos estratos nas sociedades nacionais. Tal ocorreu tanto com as camadas de brancos e mestiços pobres que lutavam pela ascensão à condição de granjeiros e por isto resistiam à sua incorporação no sistema de fazendas como força de trabalho assalariada. E com os estratos negros de ex-escravos que procuravam ascender à condição de proletários. Ambos foram marginalizados pela competição da mão de obra barata exportada maciçamente da Europa e, depois, do Oriente, à medida que as respectivas estruturas agrárias eram renovadas pela expansão do capitalismo industrial. Em todas as nações de *Povos-Novos* se encontram, por isso, vastas massas camponesas que não experimentaram qualquer progresso assinalável no período em que um alude migratório se implantou, absorvendo a maioria das possibilidades de ascensão social.

Os *Povos-Novos* surgiram hierarquizados como os *Povos-Testemunho* pela enorme distância social que separava a sua camada senhorial de fazendeiros, mineradores, comerciantes, funcionários coloniais e clérigos da massa escrava engajada na produção. Sua classe dominante não se fez, porém, uma aristocracia estrangeira reitora do processo de europeização, mesmo porque não encontrou uma antiga camada nobre e letrada para substituir e suplantar, nem uma camada subalterna local já condicionada à exploração. Eram rudes empresários, senhores de suas terras e de seus escravos, forçados a viver junto a seu negócio e a dirigi-lo pessoalmente com a ajuda de uma pequena camada intermédia de técnicos, capatazes e sacerdotes. Onde a empresa prosperou muito, como nas zonas açucareiras e mineradoras do Brasil e das Antilhas, puderam dar-se ao luxo de residências senhoriais e tiveram de alargar a camada intermédia, tanto dos engenhos como das vilas costeiras, incumbida do comércio com o exterior. Estas vilas se fizeram cidades, exprimindo principalmente nos templos a sua opulência econômica, com menos galas do que alcançara a aristocracia dos *Povos-Testemunho*, mas com muito mais brilho e "civilização" do que os *Povos-Transplantados*.

Na sua forma acabada, esses povos são o resultado da seleção de qualidades raciais e culturais das matrizes formadoras que melhor se ajustaram às condições que lhes eram impostas; do seu esforço de adaptação ao meio, bem como da força de compulsão do sistema socioeconômico em que se inseriram. O papel decisivo em sua formação foi representado pela escravidão que, operando como força destribalizadora, desgarrava as novas criaturas das tradições ancestrais para transformá-las no subproletariado da sociedade nascente. Nesse sentido, os *Povos-Novos* são produto, tanto da deculturação redutora de seus patrimônios tribais, indígena e africano quanto da aculturação seletiva desses patrimônios e da sua própria criatividade face ao novo meio.

Desvinculados de suas matrizes americanas, africanas e europeias, desatrelados de suas tradições culturais, configuram, hoje, povos em disponibilidade, condenados a integrar-se na civilização industrial como gente que só tem futuro no futuro do homem. Vale dizer, na sua integração progressiva no processo civilizatório que lhes deu nascimento, já não como áreas coloniais escravistas das formações mercantil-salvacionista ou capitalista-mercantil, nem como dependências neocoloniais do Imperialismo Industrial, mas como formações autônomas, seja capitalistas, seja socialistas, capacitadas a incorporar a tecnologia da civilização moderna em suas sociedades e de alcançar para toda a sua população o nível de educação e de consumo dos mais avançados.

Os Povos-Transplantados

A terceira configuração histórico-cultural do mundo extraeuropeu é representada pelos POVOS-TRANSPLANTADOS, correspondente às nações modernas criadas pela migração de populações europeias para novos espaços mundiais, onde procuraram reconstituir formas de vida essencialmente idênticas às de suas matrizes de origem. Cada um deles estruturou-se segundo modelos de vida econômica e social da nação de que provinha, levando adiante, nas terras adotivas, processos de renovação que já operavam nos velhos contextos europeus.

De início, foram recrutados dentre os grupos europeus dissidentes, sobretudo religiosos; mais tarde se incrementaram com toda sorte de desajustados que as nações colonizadoras condenavam ao degredo; finalmente, se inflaram através das enormes levas migratórias de europeus desenraizados pela revolução industrial de suas comunidades rurais e urbanas que vinham tentar a sorte nas novas terras. Na maioria, estes contingentes vieram ter à América como trabalhadores rurais aliciados mediante contratos que os submetiam a anos de trabalho servil. Mas grande parte deles conseguiu, mais tarde, ingressar na categoria de granjeiros livres, e de artesãos também independentes ou de assalariados.

Os *Povos-Transplantados* contrastam com as demais configurações histórico-culturais das Américas por seu perfil caracteristicamente europeu, expresso na paisagem que plasmaram, no tipo racial predominantemente caucasoide, no perfil ideológico e, ainda, no caráter mais maduramente capitalista de sua economia. Esta se fundamenta principalmente na tecnologia industrial moderna e na capacidade integradora de sua estrutura social que incorporou quase toda a sua população no sistema produtivo e a maioria dela na vida social, política e cultural da nação. Por isto mesmo, eles se defrontam com problemas nacionais e sociais diferentes e têm uma visão do mundo também distinta dos povos americanos das outras categorias.

Suas características básicas são a homogeneidade cultural que mantiveram desde o início, pela origem comum de sua população, ou que plasmaram pela assimilação dos novos contingentes; o caráter mais igualitário de suas sociedades, fundadas em instituições democráticas de autogoverno e na facilidade de acesso do lavrador à propriedade da terra; e, sua "modernidade" enquanto sincronização com os modos de vida e as aspirações das sociedades em processo de industrialização de que foram desgarrados.

Integram o bloco de *Povos-Transplantados* a Austrália e a Nova Zelândia, em certa medida também os bolsões neoeuropeus de Israel, da União Sul-Africana e da Rodésia. Nas Américas, são representados pelos Estados Unidos e Canadá e também pelo Uruguai e Argentina que representavam 53,7% da população do continente com 239,2 milhões de pessoas em 1965. Nos primeiros casos deparamos com nações resultantes de projetos de colonização implantados em territórios cujas populações tribais foram dizimadas ou confinadas em *reservations* para que uma nova sociedade neles se instalasse. No caso dos rio-platenses encontramos a resultante de um empreendimento peculiaríssimo de uma elite crioula – inteiramente alienada e hostil à sua própria etnia de *Povo-Novo* – que adota como projeto nacional a substituição de seu próprio povo por europeus brancos e morenos, concebidos como gente com mais peremptória vocação para o progresso. A Argentina e o Uruguai resultam, assim, de um processo de sucessão ecológica deliberadamente desencadeado pelas oligarquias nacionais, através do qual uma configuração de *Povo-Novo* se transforma em *Povo-Transplantado*. Neste processo, a população *ladina* e *gaúcha*, originária da mestiçagem dos povoadores ibéricos com o indígena, foi esmagada e substituída como contingente básico da nação por um alude de imigrantes europeus.

Ao contrário do que sucedeu com os *Povos-Testemunho* e com os *Povos-Novos* que, desde seus primeiros anos de constituição, configuraram-se como sociedades complexas, estamentadas em estratos profundamente diferenciados que iam desde uma rica oligarquia de conquistadores europeus até a massa servil de índios e de negros, a maioria dos *Povos-Transplantados* surgiu como resultado de colonizações de povoamento, dedicadas a atividades granjeiras, artesanais e de pequeno comércio. Todos eles enfrentaram largos períodos de penúria enquanto se ocupavam em implantar bases sobre o deserto, procurando viabilizar economicamente sua existência pela produção de gêneros para exportação a mercados mais ricos e mais especializados. Nestas circunstâncias, não surge uma minoria dominadora local capaz de impor uma ordenação social oligárquica. Embora pobres e até paupérrimos, viviam numa sociedade razoavelmente igualitária, regidos pelos princípios democráticos de tradição britânica. Não puderam ter universidades, nem templos, nem palácios suntuosos; mas alfabetizavam toda a sua população e a reuniam inteira nas suas modestas igrejas de tábuas para ler a Bíblia e para tomar decisões através de instituições de autogoverno.

Assim puderam ascender coletivamente, como um povo, à medida que a colônia se consolidava e enriquecia e, afinal, emancipar-se como uma sociedade mais homogênea e mais apta a levar à frente a revolução industrial. As condições peculiares de sua formação, bem como o patrimônio de terras e recursos naturais de que se fizeram herdeiros, asseguraram aos *Povos-Transplantados* condições especiais de desenvolvimento que, fecundadas pelo acesso a mercados europeus e pelas facilidades linguísticas e culturais de comunicação com os países mais progressistas da Europa lhes permitiram o domínio da tecnologia da revolução industrial. Isso possibilitou a muitos deles avantajar-se sobre suas matrizes originais, alcançando altos estágios de desenvolvimento econômico e social. E, a todos, progredir mais rapidamente do que às demais nações americanas, cujas camadas dominantes eram originalmente muito mais prósperas e cultas.

Entre os *Povos-Transplantados*, sobretudo os do Norte e os do Sul do continente, medeiam diferenças decorrentes de suas matrizes culturais – predominantemente latina e católica num caso, anglo-saxônica e protestante, no outro – mas também de graus de desenvolvimento. Estas discrepâncias aproximam e identificam mais os argentinos e uruguaios com os demais povos latino-americanos, também neoibéricos, também católicos e também pobres e atrasados. Pela maioria de suas outras características, porém, eles são *Povos-Transplantados* e, como tal, apresentam muitos traços comuns com os estadunidenses e com os canadenses.

Naturalmente, não é por coincidência que estes *Povos-Transplantados* se encontram todos em zonas temperadas. Condicionado milenarmente aos rigores do inverno e ao ritmo marcado das estações, o imigrante europeu encontra-se mais a cômodo em climas correspondentes, fugindo o quanto possível das áreas tropicais. O inverso ocorre, hoje, com os povos adaptados ao trópico, que também se sentem pouco à vontade nas áreas frígidas onde são compelidos a viver em ambientes artificiais, que avassalam e deprimem toda a natureza, inclusive ao homem.

Alguns autores procuram explicar as diferenças de grau de desenvolvimento econômico-social entre os *Povos-Transplantados* e os outros blocos em termos da oposição destes fatores de diferenciação. Atribuem, assim, um valor causal no processo de formação destes povos, como acelerador ou retardador do progresso, à condição racial predominantemente branca, em contraste com a maior mestiçagem com povos de cor das demais populações latino-americanas; à homogeneidade cultural europeia, em oposição à heterogeneidade resultante da incorporação de tradições indígenas, como ocorreu com os *Povos-Testemunho*; à posição geográfica e suas consequências climáticas; e, finalmente, à identificação religiosa, enquanto protestantes, uns, e católicos, outros.

A maioria dessas asserções não resiste, porém, à crítica. Civilizações desenvolveram-se em diferentes contextos raciais, culturais e climáticos. Faces distintas da própria civilização ocidental europeia se exprimiram em combinação com cultos católicos e protestantes que são, afinal, variantes de uma mesma tradição religiosa. Somente o registro da homogeneidade cultural tem alguma significação causal. Seu papel como motor do desenvolvimento não está, todavia, na homogeneidade cultural em si, mas nas possibilidades que ela ensejou, circunstancialmente, de acesso e de domínio do novo saber e da nova tecnologia em que se fundava a revolução industrial em marcha.

Embora muitos fatores possam ter representado um papel, a performance alcançada pelos *Povos-Transplantados* em relação aos demais se explica essencialmente pela diferença entre um processo de autocolonização e os processos de dominação exógena que deram lugar às duas outras configurações histórico-culturais americanas; e a subjugação e o avassalamento de sociedades culturalmente avançadas, sobre as quais o conquistador se implantou como uma nova classe dominante, no caso dos *Povos-Testemunho*; e o povoamento através da colonização escravista de índios e negros aliciados para a exploração agrícola ou mineira, no caso dos *Povos-Novos*.

A estes se somam alguns fatores concomitantes também explicativos. Tais são, principalmente, a preponderância de um mero processo de assimilação dos novos continentes por parte dos primeiros núcleos coloniais, no caso dos *Povos-Transplantados* em oposição ao processo de deculturação que presidiu a integração dos contingentes indígenas e negros escravizados nos *Povos-Novos*; e do processo de desintegração cultural e de transfiguração étnica no caso dos *Povos-Testemunho*. No primeiro caso, tratava-se de anglicanizar linguisticamente europeus de várias origens ou de uniformizar normas de vida social e costumes que difeririam como variantes de uma mesma tradição cultural. No segundo caso, tratava-se de uma erradicação de culturas originais, altamente diferenciadas entre si e com respeito à europeia para a imposição de formas simplificadas de coexistência e de trabalho, sob a pressão da compulsão escravocrata e com o só interesse de explorar ao máximo a mão de obra aliciada. No terceiro caso, a jugulação do processo de desenvolvimento autônomo de altas civilizações originais deu lugar à implantação de um complexo cultural espúrio e alienado em que se perderam os conteúdos eruditos e a qualificação técnico-ocupacional da população. É evidente que os povos resultantes dos dois últimos processos de formação cultural se defrontariam com dificuldades enormemente maiores para a sua reconstituição étnico-nacional e para a integração em seu patrimônio cultural da tecnologia da civilização industrial.

Outros fatores explicativos das diferenças das três configurações decorrem do caráter mais maduramente capitalista-mercantil da formação que presidiu à constituição dos *Povos-Transplantados* em oposição às demais. Dentre outros, destaca-se o caráter mais igualitário da sociedade que se implantou no Norte, em oposição ao perfil despótico das demais configurações. Esta oposição se exprimiu no predomínio do sistema de fazenda, fundado no monopólio da terra, em toda a América Latina e no Sul dos Estados Unidos, em contraste com o predomínio da propriedade granjeiro-familiar no resto da América do Norte. A primeira deu lugar a um tipo de república oligárquica que foi a condutora dos destinos nacionais após a independência; a segunda gerou uma república democrática assentada numa vasta classe média, participante da vida política e defensora das instituições de autogoverno.

Como cofatores da mesma natureza se deve considerar, ainda, o predomínio do assalariado – embora em suas formas mais elementares – como modo de aliciamento de mão de obra nas colônias granjeiras do Norte, em oposição ao escravismo e à vassalagem dominantes nas outras áreas. Estas duas formas de recrutamento da força de trabalho deixaram marcas profundas nas sociedades delas resultantes. Por um lado, deram lugar a uma dignificação do trabalho manual, oposta a uma concepção do trabalho como atividade "denigrante", característica das sociedades escravistas.

Há um certo paralelismo entre estas atitudes face ao trabalho e certas posturas protestantes e católicas sobre a matéria. Isto não significa, porém, que as respectivas religiões tenham representado um papel causal na implantação dos respectivos comportamentos e sim que cada qual sustentava o sistema vigente nas sociedades em que predominava: mais maduramente capitalistas, no caso dos protestantes, e mais atrasados e aristocráticos, no caso das católicas. Não é de desprezar, porém, a importância deste apoio, bem como de outras decorrências das duas posturas religiosas, como o estímulo à alfabetização para ler a Bíblia, no caso dos protestantes e o conservadorismo expresso no empenho de infundir atitudes de resignação com a ignorância e a pobreza, na ideologia católica tradicional.

Mais do que o fator religioso em si mesmo, representou um papel modelador dos povos americanos e um motor de diferenciação, o caráter institucional das igrejas que catequizaram o Novo Mundo. A católica, conduzida às Américas no enquadramento de impérios mercantis-salvacionistas em que se haviam transformado Espanha e Portugal pós-muçulmanos. E as protestantes, como seitas comunitárias livres, desembaraçadas da hierarquia romana e do peso dos bispados locais, dentro do enquadramento de formações socioculturais "Capitalistas-Mercantis".

A primeira conformou-se, por isto, como parte essencial, da máquina do Estado, motivadora da conquista e promotora de sua ação missionária salvacionista. Tal como a expansão muçulmana, a ibérica-católica estava armada de um poder coercitivo muito maior sobre a população que dominava e absorvia também parcelas maiores dos excedentes produtivos para exprimir sua glória em templos, manter um clero muito mais numeroso e para dar brilho às dignidades episcopais. Basta comparar o número, a qualidade arquitetônica, o vulto e a riqueza dos templos da América Católica com os da América Protestante para aperceber-se da desproporção de recursos econômicos apropriados para fins religiosos nas duas áreas. E isto se fez, obviamente, em prejuízo de outros gastos comunitários, como estradas, escolas, empresas, operando, assim, como um cofator de atraso.

A associação da Igreja com o poder temporal dava à ação religiosa tudo que o Estado lhe podia prover, mas também cobrava dela uma fidelidade aos objetivos de perpetuação do domínio colonial, bem como uma aristocratização de suas altas hierarquias que a colocava, frequentemente, em oposição aos interesses e às aspirações dos contingentes mais humildes de seu rebanho. Por isto, na América Católica, o alto clero se viu tantas vezes envolvido em graves crises políticas, ensejando um laicismo militante típico; enquanto a da América Protestante, vendo-se excluída da estrutura do poder político, sempre se pôde resguardar melhor e exercer um controle que, conquanto mais informal, era mais eficaz.

A pregação religiosa, fazendo-se, num caso, conjugadamente com o braço secular e, no outro, pelo estímulo à ação comunitária, fez recair sobre a Igreja Católica a acusação de terrorismo e fanatismo que, embora igualmente presentes e graves no mundo puritano, ali se dissolveram como responsabilidades coletivas. A própria obra missionária, sendo empreendida na América Católica com o fervor de uma religião de conquista, conduziria a conflitos constantes com os interesses dos colonizadores; o que não se observava na América Protestante, exprimindo também aqui o caráter salvacionista da estrutura imperial em que estava inserida. O paradoxal é que na América Protestante, a religião se diferencia em múltiplas denominações, mas em cada uma delas se faz efetivamente mas ortodoxa do que o catolicismo latino-americano, generalizando-se como uma religiosidade popular mais ativa e menos impregnada de sincretismos, mas também mais intolerante.

Outros cofatores de diferenciação consequentes do processo de formação étnico-nacional dos *Povos-Transplantados* são a discriminação e o segregacionismo em oposição ao integracionismo e à expectativa de assimilação de todos os contingentes formadores da etnia através da mestiçagem nas duas outras configurações histórico-culturais. Estas diferenças se manifestam hoje, nitidamente, nos dois tipos de preconceito racial prevalecentes nas duas áreas. O "preconceito de origem" que recai sobre o indivíduo de ancestrais negros conhecidos, qualquer que seja o seu fenótipo, como ocorre nos Estados Unidos. E o "preconceito de marca" que discrimina o indivíduo de acordo com a intensidade de seus traços negroides, incluindo os mulatos claros no grupo socialmente branco (Oracy Nogueira, 1955) como ocorre nos *Povos-Novos* e nos *Povos-Testemunho*.[8]

Outro fator de diferenciação está na porcentagem e na composição dos contingentes marginais à vida econômica, social, cultural e política da nação. Estes vêm a ser majoritários, integrados principalmente por neoindígenas ou mestiços no caso dos *Povos-Testemunho* e sua marginalização é de caráter cultural; são também majoritários, porém marginalizados do ponto de vista social no caso dos *Povos-Novos* e sua composição é predominantemente negra ou mulata. No caso dos *Povos-Transplantados* constituem minorias raciais bem definidas. Aqui também, antes que de um fator causal, trata-se do resultado do processo de formação – concomitante mas diferenciado – que fez dos *Povos-Transplantados* do Norte sociedades mais igualitárias, no plano social; mais progressistas, no econômico; e mais democráticas, no político. Mas

---

8 Ver também A. Ramos (1942, 1947); G. Myrdal (1944); L. W. Warner e L. Srole (1945); D. Pierson (1942); N. D. Humphrey (1953); R. Bastide e F. Fernandes (1959); L. A. Costa Pinto (1953); J. Comas (1961); F. Fernandes (1964); O. Ianni (1966).

as fizeram, também, discriminatórias e segregacionistas no plano racial. Este derradeiro fator não apenas frustrou as bases de instauração de um sistema sociopolítico efetivamente democrático na América do Norte, mas também desencadeou, nas últimas décadas, uma torrente de tensões dissociativas que estão alcançando o nível de uma guerra racial interna.

Todos os fatores referidos de desenvolvimento e de atraso não são, porém, conquistas ou condenações consolidadas, mas componentes dinâmicos que, por sua atuação, modelaram os povos de cada configuração histórico-cultural e os fazem defrontar-se com uma problemática específica e diversa das demais. Deles resultou um novo fator de diferenciação que é a polarização do continente em um núcleo de alto desenvolvimento e um contexto de povos subdesenvolvidos. A interação dentro da área passou, por isto, a realizar-se como relações entre sociedades historicamente defasadas: umas situadas no nível de formação imperialista industrial, as outras submetidas a condições de sujeição neocolonial. Tais relações, sendo intrinsecamente espoliativas para as nações atrasadas, conduzem a conflitos de interesses e a tensões. A América do Norte é levada, assim, a um papel de mantenedora do sistema que é lucrativo para suas empresas instaladas na região e que é conveniente à sua política de potência no continente e no mundo. O estudo desta polarização é tanto mais importante porque, quaisquer que sejam os caminhos do desenvolvimento dos povos latino-americanos, ela terá consequências decisivas dado o poderio de intervenção dos norte-americanos, a natureza imperativa de seus compromissos de potência mundial e o peso dos seus interesses investidos na região.

Os Povos-Emergentes

O quarto bloco de povos extraeuropeus do mundo moderno é constituído pelos POVOS-EMERGENTES. São integrados pelas populações africanas que ascendem, em nossos dias, da condição tribal à nacional. Na Ásia, encontram-se também alguns casos de *Povos-Emergentes* que transitam, neste momento, da condição tribal à nacional, sobretudo na área socialista, em que uma política de maior respeito às nacionalidades está permitindo e estimulando sua gestação.

Esta categoria não surgiu na América, apesar do avultado número de populações tribais que ao tempo da conquista contavam com centenas de milhares e com mais de um milhão de habitantes. Este fato, mais do que qualquer outro, explica a violência do domínio, primeiro europeu, que durou quase quatro séculos, depois nacional, a que estiveram submetidos os povos tribais americanos. Dizimados prontamente alguns deles, mais lentamente outros, apenas sobreviveram uns poucos que, submetidos às mais duras formas de compulsão, acabaram sendo anulados como etnias e como base de novas nacionalidades, enquanto seus equivalentes africanos e asiáticos, apesar da violência do impacto, que sofreram, ascendem hoje para a vida nacional.

Acreditávamos que assim fosse há alguns anos. Supúnhamos que na América Latina não surgiriam etnias indígenas reivindicativas de sua autonomia, na condição de *Povos-Emergentes*, como ocorre na África e na Ásia. Aqui, aparentemente, o processo de europeização havia progredido tanto que tendia a prosseguir incorporando os contingentes indígenas às etnias nacionais, ou só permitindo a sobrevivência das microetnias tribais, cada vez mais aculturadas.

Hoje, entretanto, são evidentes algumas tendências que exigem uma revisão destes conceitos. O que percebíamos então como fundamental era a força uniformizadora da Revolução Termonuclear que parecia conduzir a uma homogeneização acelerada de todos os povos e culturas dentro da futura civilização. Apesar de tais forças existirem e continuarem atuando com vigor, paralelamente desenvolveram-se resistências e surgiram energias diferenciadoras, que prometem preservar, para o mundo do futuro, múltiplas faces étnicas singulares.

Com efeito, os bascos nunca foram tão fanaticamente bascos como agora. O mesmo ocorre com os catalães, os galegos, a despeito de toda a opressão da velha Espanha, sectariamente hispanista. Na Europa, observa-se o mesmo com os flamengos e os bretões e vários outros povos e, na América do Norte, com os negros e os "chicanos", o que indica tratar-se de um fenômeno geral. É como se se houvesse rompido uma mola oculta que até agora manteve em silêncio essas minorias étnicas e raciais. Surpreendentemente, elas começaram a agitar-se dentro dos quadros nacionais que sempre as constrangeram, protestando contra as discriminações de que foram vítimas e reivindicando uma nova posição e um novo papel. E o fazem com um vigor e uma ousadia raramente registrados no passado.

Em face disso, é perfeitamente previsível que, nas próximas décadas, estes anseios de libertação étnica passem a atuar também entre as populações indígenas latino-americanas, dando voz a reclamos seculares, e ativando tensões que imponham mudanças importantes em alguns dos quadros nacionais cristalizados depois da independência. Talvez não tanto entre os *Povos-Novos* e os *Povos-Transplantados* porque estes se construíram sobre os territórios e os corpos de etnias indígenas de nível tribal, que, em sua maioria, não resistiram ao impacto da colonização. Mas sim nos quadros nacionais dos *Povos-Testemunho* que acolhem milhões de "pessoas" falando seus idiomas originais e autoidentificando-se como indígenas.

Lamentavelmente, é muito precário o conhecimento científico de que dispomos sobre estes problemas. Contribui para esta carência, em primeiro lugar, o já referido desinteresse da Antropologia acadêmica pelo estudo dos processos de formação e transfiguração das etnias nacionais. Sua principal preocupação neste campo, conforme assinalamos, são os estudos sobre aculturação definidos como os efeitos recíprocos dos contatos entre diferentes culturas, geralmente entre fronteiras da civilização e culturas tribais. Ocupados com estas questões, tão pouco relevantes no plano social como infecundas no plano teórico, os antropólogos reuniram uma enorme bibliografia sobre aculturação. Lamentavelmente, ela é quase inútil para o estudo das lutas contra a opressão étnica que atualmente estalam em todo o mundo.

Contribuiu também para o pouco conhecimento destes problemas o enfoque habitual dos estudiosos marxistas, os quais tendem a reduzir a etnicidade à condição de classe e se tornam cegos à apreciação das tensões especificamente interétnicas. Efetivamente, não admitindo que a identidade étnica é anterior à estratificação social e, provavelmente a ela sobreviverá, e menos ainda que ela gera tensões diferentes das lutas de classe, não perceberam a magnitude dos conflitos interétnicos reais e virtuais que ameaçam conflagrar diversas sociedades nacionais.

Um rápido exame da situação das populações indígenas da América Latina mostra que a maior parte delas desapareceu nos *Povos-Novos* e nos *Povos-Transplantados* ou só sobrevive como pequenos enclaves étnicos marginalizados frente à massa da população nacional. Seu destino, qualquer que seja, não afetará o destino nacional. Ainda assim, nestes casos se observam algumas exceções; isto é, povos tribais que resistirão o suficiente para sobreviver e crescer como uma face étnica própria no futuro. Isto sucederá, por exemplo, com os *Mapuche*[9] (700 mil), que representam atualmente 7% da população chilena, mas que crescem a um ritmo tão intenso que tendem a dobrar e a triplicar sua proporção dentro da população total do Chile nas próximas décadas. Como esse crescimento se processa num povo consciente de sua individualidade, amargurado pela opressão secular que sofreu e continua sofrendo e reivindicante de seus direitos, é de supor que voltem a ativar-se as tensões interétnicas que tantas vezes convulsionaram o Sul do Chile. O mesmo tende a ocorrer, ainda que dentro de um quadro menos tenso, com outros grupos indígenas que contam com populações relativamente grandes, tais como: os *Cuna* do Panamá (200 mil), os *Guajiro* (100 mil) das fronteiras da Venezuela com a Colômbia e os *Chiriguano* (70 mil) do Paraguai.

Em todos estes casos, estamos frente a populações oriundas de etnias indígenas pré-colombianas de nível tribal que, apesar de experimentarem, ao longo dos séculos, o impacto da civilização, conseguiram manter um núcleo populacional considerável. Sua situação é diversa, portanto, das numerosas microetnias tribais que conseguiram sobreviver – na Amazônia, por exemplo, – por terem se distanciado das fronteiras da civilização, esquivando-se aos contatos e aos seus efeitos letais. Os casos mencionados são diferentes porque se tratam de povos que sofreram todos os efeitos deletérios do impacto com a civilização e, ainda assim, resistiram, cresceram e refizeram seu *ethos*. Agora aspiram a ressurgir, dentro da civilização do futuro, como *Povos-Emergentes* ou como componentes de novas unidades multinacionais que reconheçam seu direito de ser eles próprios.

Mais dramática é a situação das etnias originárias das altas civilizações pré-colombianas que sobrevivem no interior dos quadros nacionais

---

[9] Os *Mapuche* são os sobreviventes das tribos araucanas e araucanizadas dos pampas sulinos. Acossados pelos argentinos e pelos chilenos, resistiram até meados do século passado, mas foram dizimados, e seus sobreviventes, confinados em reservas.

construídos pelos *Povos-Testemunho*. Aqui nos defrontamos com sociedades multiétnicas que, não se reconhecendo como tais, se organizaram como estados uninacionais, o que gera uma situação estrutural de opressão sobre as etnias dominadas e, consequentemente, produz tensões suscetíveis de conduzir ao desencadeamento de lutas de libertação nacional. Um caso extremo é o representado pela Bolívia com seus milhões de índios *Aymara* e pela Guatemala com seus milhões de *Quiché*, *Mam* e *Quecchi*. Estas massas indígenas que constituem a maioria da população estão submetidas a minorias de mestiços europeizados que assumiram o poder depois da independência e cujo projeto continua sendo, até nossos dias, o mesmo dos conquistadores: a hispanização compulsória dos índios através de todas as formas de opressão.

Não existem atualmente, é certo, condições para o emprego dos grandes remédios do passado como as guerras de extermínio, a contaminação proposital por doenças como a varíola e a escravidão. Os novos dominadores, porém, colocam suas esperanças de ocidentalização na força desenraizadora dos processos de urbanização e industrialização e, às vezes, até na revolução social. Assim, alguns desses cruzados da ocidentalização definem a condição de indianidade como se fora mera condição de classe. E esperam que, uma vez transfigurada esta, no processo de mudança revolucionária da estratificação social, desapareça também a identificação étnica. Ainda que os indígenas constituam a maioria do campesinato desses países, eles não são apenas camponeses. A esta condição ecológica e à respectiva posição classista se soma uma identificação étnica irredutível até o presente e que provavelmente continuará a sê-lo através dos tempos. Em tais circunstâncias não parece arriscado prever que também esses povos despertem amanhã para lutas cruentas de libertação étnica.

O problema existe igualmente e tende a aguçar-se, nas próximas décadas, no caso de outros contingentes populacionais minoritários dos *Povos-Testemunho*, como Peru e México que se autoidentificam como indígenas. Vale assinalar aqui, que se tratam de populações numerosas como os quatro milhões de fala quechua do Altiplano Andino e outros tantos milhões de descendentes dos *Maia*, *Mahua*, *Mixteco*, *Zapoteco* e outros povos do México. Nesses casos, tratamos com etnias correspondentes aos bascos, flamengos, eslovenos e outras minorias nacionais europeias. Como estas, além de crescentemente conscientes de si próprias como povos diferentes de quantos existem, os grandes contingentes indígenas latino-americanos se estão igualmente predispondo para lutar por um reexame da organização nacional que lhes abra perspectivas de realizar suas potencialidades étnicas. Na medida em que os quadros nacionais permaneçam rígidos, como até o presente, e em que as expectativas das camadas dirigentes sejam de "desindianização" compulsória, estas tensões interétnicas crescerão e tenderão a gerar situações dramaticamente conflitivas. Provavelmente mais graves que os conflitos interétnicos europeus e norte-americanos porque as populações indígenas latino-americanas sofreram e continuam suportando uma opressão muito mais odiosa, continuada e desumana.

Assim é que, nesta metade da década dos anos 70, começam a tornar-se visíveis tendências conduzindo ao aparecimento na América Latina da configuração histórico-cultural que denominamos *Povos-Emergentes*. Eles seriam integrados por grupos indígenas que, tendo sobrevivido à compulsão colonial e nacional e logrado manter grandes núcleos populacionais, começam agora a modernizar-se de tal modo que sua indianidade já não corresponde necessariamente a uma condição de extremo atraso e pobreza. Nestas condições, estes grupos indígenas deverão dinamizar-se para atuar como forças transformadoras dos quadros nacionais em que se inserem. Seu papel será o de combatentes finalmente capacitados a exigir, seja uma participação igualitária no poder dentro dos atuais estados nacionais, o que os alteraria decisivamente, seja a construção de novas sociedades políticas que, reconhecendo-se multiétnicas, se organizem como estados multinacionais.

Em qualquer caso, o mundo de amanhã estará enriquecido pela presença destes novos *Povos-Emergentes* que se levantarão desde os confins da história americana para representar um papel em seu futuro.

2. Configurações e raça

As quatro categorias de povos examinados não retratam tipos puros. Cada uma delas experimentou intrusões que as afetaram mais ou menos profundamente e diferenciaram algumas parcelas de sua população. Como vimos, a América do Norte teve no sul de seu território uma vasta intrusão escravista plasmada por um sistema produtivo tipo *plantation* que deu lugar a uma configuração correspondente à dos *Povos-Novos*. Grande parte do problema de integração racial, com que se defrontam os norte-americanos, decorre da presença desta intrusão, até agora irredutível e assimilada, apesar de vencida e dispersa no corpo da nação. O Brasil experimentou uma intrusão do tipo *transplantado* com a imigração maciça de europeus para sua região Sul, que emprestou àquela área uma fisionomia peculiar e deu lugar a um modo diferenciado de ser brasileiro. A Argentina e o Uruguai, como assinalamos, surgem à existência nacional como *Povos-Novos*, através de protoetnias gaúchas, equivalente à paraguaia e à dos velhos paulistas. Todavia, sofreram processos de especialização pastoril e de sucessão ecológica, através dos quais se transmudou o próprio caráter étnico nacional, dando origem a uma entidade nova, euro-americana em sua composição racial majoritária e em seu perfil cultural. Neste processo, os rio-platenses se transfiguram em *Povos-Transplantados* de um tipo especial porque tolhidos em seu desenvolvimento socioeconômico pela sobrevivência de uma oligarquia arcaica de grandes proprietários rurais, resultante de sua configuração original. Em cada um dos povos americanos, intrusões menores colorem e singularizam certas parcelas da população nacional e as regiões do país onde mais se concentram.

É de assinalar que algumas populações do mundo extraeuropeu moderno parecem não se enquadrar nestas categorias. É o caso essencialmente de algumas nações esdrúxulas como a África do Sul, a Rodésia, a Niassalândia e o Quênia. A dificuldade classificatória, nesse caso, parece refletir a própria inviabilidade dessas superfetações fundadas no domínio de núcleos europeus implantados sobre populações nativas numericamente majoritárias. Mais do que nações, elas são ainda feitorias geridas por grupos brancos que ingressaram tardiamente na área e permanecem até agora inassimilados e historicamente incapazes de plasmar uma configuração de *Povo-Novo*. Sua inviabilidade como entidade étnica nacional é tão peremptória que se pode vaticinar, sem risco de erro, o alçamento inevitável das camadas subjugadas e a erradicação da casta dominante, incapaz de integrar-se racial e culturalmente em seu próprio contexto étnico-nacional.

No caso dos demais povos extraeuropeus, o caráter nacional e o perfil étnico-cultural básico de cada unidade é explicável como resultante de sua formação global enquanto *Povos-Testemunho*, *Povos-Novos*, *Povos-Emergentes* e *Povos-Transplantados*. No caso das Américas, esta tipologia corresponde, *grosso modo*, à caracterização corrente dos respectivos povos como predominantemente indo-americanos, neoamericanos e euro-americanos. As duas escalas, todavia, não se equivalem, porque alguns povos, como os paraguaios e os chilenos, de formação basicamente indígena, fizeram-se *Povos-Novos* e não *Povos-Testemunho*, uma vez que resultaram da fusão do europeu com grupos tribais que não haviam alcançado o nível das altas civilizações. É o caso também dos euro-americanos, presentes em todas as formações étnicas do continente, mas que só nos *Povos-Transplantados* imprimiram um perfil nitidamente neoeuropeu às respectivas populações. A designação de neoamericanos não substitui também, adequadamente, a nomenclatura proposta porque, em muitos sentidos, todos os povos atuais do continente são neoamericanos.

A evolução racial da população americana é congruente com a análise que vimos fazendo e pode ser compreendida em termos de dois processos divergentes de sucessão ecológica. Por um lado, populações europeias imigrantes, concentradas em núcleos homogêneos estruturados em famílias e contando, portanto, com a presença de mulheres europeias, se impõem às populações originais. Este é o caso dos *Povos-Transplantados*, em que os contingentes indígenas foram antes dizimados do que absorvidos e os negros mais marginalizados do que integrados nas novas etnias. No caso dos *Povos-Novos* e dos *Povos-Testemunho*, deparamos com um processo ecológico distinto, pelo qual núcleos europeus minoritários, compostos principalmente por homens desgarrados de suas comunidades, operam como agentes colonizadores, impondo-se às outras matrizes raciais pela miscigenação intensiva com índias e negras, o que lhe empresta uma extraordinária capacidade de *branquizar* às demais, produzindo uma vasta camada mulata e mestiça. Esta passa a constituir o componente principal da população, no caso dos *Povos-Testemunho* (36,1 milhões de mestiços para 10,2 milhões de brancos por definição) e o segundo contingente, muito próximo do primeiro (32,2 e 41,8 milhões), no caso dos *Povos-Novos*.[10]

É notória a precariedade das fontes disponíveis sobre a composição racial presente e passada dos povos americanos. Ela se deve tanto a deficiências dos censos como a ambiguidades de caráter cultural. Assim é que os *Povos-Transplantados* somam, em suas estatísticas, todos os mestiços no grupo negro; e os dois outros blocos situam no contingente branco os mestiços claros e, por vezes, juntam mulatos e mestiços de extração indígena na categoria geral dos pardos. Apesar disto, é possível estabelecer algumas projeções verossímeis sobre o desenvolvimento provável das diversas matrizes raciais nos três blocos de povos americanos, pelo confronto de seus contingentes atuais com suas tendências de incremento ou redução.

Tendo alcançado mais altos níveis de desenvolvimento, as sociedades nacionais dos *Povos-Transplantados* experimentaram, em consequência, uma forte compressão no ritmo de incremento de sua população, sendo de supor que seu crescimento futuro seja menos assinalável do que o dos demais blocos. A América do Norte, que vinha quadruplicando sua população cada 50 anos, nem mesmo conseguiu duplicá-la entre 1900 e 1950, o mesmo ocorrendo com a Argentina e o Uruguai nas duas últimas décadas.

Os dois outros blocos, mal tendo chegado ao limiar do desenvolvimento, experimentam ainda uma fase de expansão demográfica que os fará prosseguir crescendo a ritmo acelerado nas próximas décadas. Os dados estatísticos indicam que as populações dos *Povos-Testemunho* e dos *Povos-Novos*, predominantemente mestiças e mulatas, eram menores, em 1960, no seu conjunto do que a dos *Povos-Transplantados* (220,5 milhões

---

10 As estimativas de população estão baseadas nos dados das Nações Unidas (ONU, 1958 e 1965), nos estudos histórico-demográficos de Rosenblat (1954), Lipschutz (1944), Savy (1954-56), Debuyst (1961), Sirea (1966) e Steward (1949) e no *Statistical Abstract of the United States* (US Bureau of the Census, 1966).

contra 182,8 milhões). Mas tendem a superá-las amplamente, nas próximas décadas, até alcançar, no ano 2000, os montantes de 391,5 milhões para os *Povos-Transplantados* contra 209 milhões para os *Povos-Testemunho* e 340,5 milhões para os *Povos-Novos*.

Estas diferenciações nos ritmos de incrementos demográficos se devem, essencialmente, ao fato de que os *Povos-Transplantados* experimentaram seu período de mais forte acréscimo a partir de uma população relativamente pequena (5,3 milhões, em 1800, para 23,3 milhões em 1850, nos Estados Unidos), ao passo que o mesmo fenômeno deverá ocorrer, agora, na América Latina, a partir de uma base populacional muito superior (204 milhões, em 1960) que, mesmo se crescesse a um ritmo substancialmente menos acelerado, tenderia a triplicar até o ano 2000.

A longo termo, portanto, o que mais tende a crescer é a América Morena, fruto da mestiçagem de seus contingentes básicos, a menos que os projetos de inspiração norte-americana de imposição de vastos programas de *birth control* consigam alterar substancialmente estas tendências. É, entretanto, improvável que tais programas cheguem a cumprir-se, não só em virtude das dificuldades do próprio empreendimento de induzir povos atrasados e pobres a adotar hábitos correspondentes a populações adiantadas; como também pela oposição que tal programa provoca nas lideranças latino-americanas. Estas estão cada vez mais advertidas para os riscos inerentes a uma contenção demogenética artificial que trará, como consequência fatal, não apenas a redução do seu contingente no mundo, mas e, sobretudo, o envelhecimento precoce de suas populações nas quais uma maioria de menores de 18 anos de idade seria substituída, progressivamente, por uma parcela crescente de maiores de 60 anos, os quais, nas condições vigentes de subdesenvolvimento, representariam um peso morto. É mesmo de temer que este envelhecimento artificial da população latino-americana – antes de alcançados os níveis mínimos de desenvolvimento econômico e social que naturalmente conduziriam a este efeito – como ocorreu em todos os países plenamente industrializados – tenha, como consequência, inabilitar os latino-americanos para as tarefas do desenvolvimento, por retirar de suas sociedades o fator de renovação social, que são as forças de compressão demográfica e as tensões sociais correspondentes.

Os dados estatísticos referentes à composição racial, apesar da precariedade assinalada, permitem estabelecer também algumas hipóteses sobre o incremento provável de cada componente racial das populações americanas. Primeiro, a de que a proporção atual de dois para um, do contingente "branco por definição" em relação a "gente de cor", em 1950, se altere profundamente, para alcançar uma supremacia morena da ordem de 485 milhões contra 436 milhões de brancos no ano 2000. Isto, em virtude do paralelismo entre branquitude e mais alto nível de vida e, em consequência, menor ritmo de incremento populacional.

O contingente indígena crescerá, provavelmente, no período assinalado, para algo mais que o duplo do seu montante em 1950 (15 para 35 milhões). Simultaneamente, porém, se irá desindianizando culturalmente, pela incorporação nos modos de vida das populações neoamericanas em que está inserido. Ao final, os indígenas virão a constituir, presumivelmente, um modo diferenciado de participação nas etnias nacionais que os unificará antes pelas lealdades que conservarão para com suas matrizes de origem do que por seus caraterísticos étnico-culturais presentes.

O grupo negro poderá crescer para o quádruplo do montante atual (29,3 para 130 milhões) pelas razões já indicadas e também porque a ascensão social que presumivelmente experimentará nas próximas décadas lhe proporcionará um índice mais alto de sobrevivência. Sem embargo, por força do caldeamento racial, pode ocorrer que antes venha a dar colorido às matrizes "brancas", aumentando o quadro mulato em prejuízo da expressão do seu próprio patrimônio genético em populações negras mais amplas.

Os mestiços, finalmente, poderão experimentar, segundo supomos, um incremento mais intensivo que todos os demais, quintuplicando seu contingente (72 para 320 milhões) por força da conjunção de diversos fatores, como a elevação do nível de vida que apenas se inicia e que deverá combinar-se com um alto ritmo de incremento, a absorção do produto dos casamentos mistos das outras matrizes que tende a generalizar-se e, finalmente, a assunção de sua própria figura étnica, sem a contingência de mimetizar-se ideologicamente em "brancos por definição".

Todas as proposições anteriores se fundam na expectativa de uma miscigenação intensiva que caldeará ainda mais profundamente as populações americanas até configurá-las, em face do mundo, como uma representação cada vez mais homogênea do humano e, por isto, mais capacitada a conviver e a identificar-se com todos os povos. Considerando, porém, as diversas áreas americanas, estas tendências tanto poderão ser intensificadas como reduzidas por certos fatores. Assim, por exemplo, se a guerra racial entre negros e brancos na América do Norte resolver-se por um caminho integracionista, se intensificará a tendência homogeneizadora. Mas se, ao contrário, prevalecer a segregação racial e, sobretudo, se os anglo-americanos alcançarem sucesso em sua deliberação de reduzir suas populações "negras" e os contingentes morenos da América Latina pela imposição de uma política de contenção demogenética, o resultado será o fortalecimento da heterogeneidade e do racismo.

O crescimento das populações latino-americanas deverá levá-las a um montante demográfico de 650 milhões no ano 2000, segundo cálculos fundados na expectativa de uma taxa de incremento relativamente baixa. Essa expectativa não leva em conta as possibilidades de um crescimento ainda maior, motivado pela elevação do nível sanitário, pelos progressos médicos no tratamento das enfermidades esterilizantes, bem como por fatores sociais, como a provável redução da idade do casamento e do número de uniões livres, geralmente menos fecundas. Por tudo isto se deve considerar a hipótese de um crescimento ainda maior.

Esta explosão demográfica não é, evidentemente, um bem em si mesmo e importará para a América Latina num desafio ainda maior no esforço pela superação do seu atraso. Supõe-se que a um ritmo anual de 2,5% de incremento seja necessário responder com uma taxa de investimento de cerca de 10% da renda nacional, apenas para manter a mesma proporção de equipamento produtivo por pessoa ativa. Este desafio aponta para a imperatividade de intensificar o esforço desenvolvimentista, a fim de alcançar uma redução do incremento demográfico e um amadurecimento etário da população em consequência do progresso econômico e não em lugar dele, como poderia ocorrer com uma política de contenção demogenética propugnada e custeada por uma potência estrangeira, como seu projeto para o futuro dos latino-americanos.

3. CONFIGURAÇÕES E DESENVOLVIMENTO

Resta examinar agora se a tipologia das grandes configurações histórico-culturais que demonstrou sua instrumentalidade na caracterização dos povos extraeuropeus como entidades étnico-culturais e como complexos raciais, pode ajudar também na compreensão dos problemas de desenvolvimento com que se defrontam os povos classificados nas quatro referidas categorias.

Considerando em conjunto os povos de cada bloco, com respeito ao grau de desenvolvimento que alcançaram, observa-se que eles apresentam tanto uniformidades como discrepâncias significativas. Acima de suas semelhanças étnico-culturais, os mesmos contrastam flagrantemente por descompassos econômicos que fazem de alguns deles povos modernos porque incorporados no processo civilizatório de seu tempo; e de outros, povos arcaicos e subdesenvolvidos porque traumatizados nesse processo de modernização. Entretanto, observam-se certas uniformidades altamente expressivas. Assim é que, entre os *Povos-Testemunho*, apenas os japoneses alcançaram pleno desenvolvimento industrial e os chineses, em nossos dias, se encaminham para a mesma façanha. Dentre os *Povos-Transplantados*, um número muito maior – EUA, Canadá, Austrália, Nova Zelândia e Israel – atingiu precocemente o desenvolvimento. Entre os *Povos-Novos* nenhum alcançou ainda este nível. Até que ponto suas diferenças de formação explicam estas performances contraditórias?

Parece óbvio que os *Povos-Transplantados* contaram com vantagens oriundas do seu tipo de formação para se integrarem na civilização industrial moderna, enquanto que os povos das outras categorias tiveram de enfrentar obstáculos maiores em sua luta pelo desenvolvimento. Tais obstáculos decorrem, principalmente, do modo de estratificação social que resultou da forma de implantação de cada qual. Esta assumiu uma configuração mais flexível e igualitária no caso dos *Povos-Transplantados* e mais rigidamente hierarquizada nos demais.

Desde o seu surgimento, estes últimos tiveram a maioria de suas populações condenadas a uma marginalização cultural ou social que não ensejou sua integração nos estilos de vida modernos. Tal marginalidade, como foi assinalado, assume caráter sobretudo cultural no caso dos *Povos- -Testemunho* a braços com problemas de incorporação de seus contingentes mais arcaicos, quase sempre monolíngues e apegados a costumes e valores das antigas culturas. E é de caráter principalmente social, nos *Povos-Novos*, enquanto resultantes de um empreendimento mercantil que, transladando multidões de africanos para submetê-los à escravidão, ou destribalizando populações indígenas com o mesmo objetivo, os homogeneizou através da deculturação, mas os configurou como estratos atrasados e reduzidos a níveis incomprimíveis de miséria. Para se desenvolverem, devem uns alçar- -se de sua condição indígena nitidamente diferenciada da *ladina* e, outros, desde a profundidade de sua penúria de ex-escravos, enfrentando, nos dois casos, oligarquias locais degradadas pelo exercício secular do jugo escravista e atadas aos interesses externos que se associaram na exploração da miséria de seus povos.

Os *Povos-Novos* e os *Povos-Testemunho* das Américas se destacam como sociedades fundadas e remoldadas por atos de vontade do núcleo colonizador e ordenadas intencionalmente em todo o seu modo de ser, para servir a interesses e a objetivos exógenos. Como tal, experimentaram uma dominação externa mais poderosamente instalada e mais duradoura do que qualquer outra área do mundo. Com base nesta intencionalidade, se pôde reimplantar neles a escravidão do tipo greco-romana, transladando- -se para as plantações e as minas das zonas de ocupação dos *Povos-Novos* mais de cinquenta milhões de escravos negros durante os trezentos anos de escravidão e desgastando-se cerca de 70 milhões de indígenas dos *Povos- -Testemunho*. Em ambos, os núcleos econômicos jamais se devotaram a criar e recriar as condições de sobrevivência e reprodução de suas populações, mas para, com o desgaste destas, produzir o que não consumiam, a fim de suprir necessidades alheias e enriquecer oligarquias locais. Nelas sempre foi tão grande a distância social entre as classes dominantes e o povo em si, tão vasta a alienação oligárquica com respeito à etnia nacional, que as lideranças dos *Povos-Novos* se propuseram até substituir a própria população em programas sistemáticos de branquização racial, como se tentou fazer no Brasil e como efetivamente se fez na Argentina e no Uruguai, que, por esta via, se implantou da forma mais despótica, sem reconhecer jamais quaisquer direitos individuais que acaso se pudessem opor à dominação e à ordenação oligárquica. Nelas, finalmente, jamais se estabeleceram instituições democráticas de autogoverno, nem foram admitidos quaisquer mecanismos de participação popular no poder; e as distâncias sociais entre homens livres e escravos eram similares às que mediam entre homens e animais, sendo enorme, também, a dissimetria de relações entre ricos e pobres.

Operando sobre esse mundo despótico e escravocrata, latifundiário e monocultor, as forças transformadoras da revolução industrial encontram resistências muito maiores à implantação de uma economia moderna e a uma reordenação que assegurasse oportunidades de participação popular nos benefícios do progresso. Nestas circunstâncias, os antagonismos que na Europa – e nas sociedades de tipo europeu transplantadas para novos espaços – apenas limitaram as potencialidades da civilização industrial, submetendo-a a uma ordenação classista ou atrasando sua implantação, aqui conseguiram deformar todo o processo. Cada núcleo industrial emerge nestas áreas como um enclave ilhado em meio a uma economia arcaica dominante que só lhe permite expandir-se quando não se opõe aos interesses oligárquicos investidos no latifúndio e na economia de exportação. Sendo todo o poder político monopolizado pelos setores importadores que só aspiram uma integração mais lucrativa para eles próprios no sistema mundial, não surge um empresariato moderno oposto à oligarquia. Essa mesma é que se desdobra em empresariato industrial e se associa aos empreendimentos modernizadores promovidos por corporações internacionais.

Deste modo, a transição da economia agrário-mercantil à industrial, já em si muito difícil, foi conduzida a um estado traumático: o de subdesenvolvimento. Ou seja, à distrofia social caracterizada pela contradição entre as potencialidades de fartura ensejadas pela tecnologia industrial e a miséria provocada pelo seu condicionamento a uma ordenação social oligárquica. Isto conduziu a um aumento explosivo da população, a transladações maciças de rurícolas para as cidades, simultaneamente com uma redução drástica da acessibilidade aos meios de trabalho e de sobrevivência. Surgem, assim, enormes camadas marginalizadas, condenadas à penúria.

Transferindo para os centros reitores as oportunidades de industrialização e os lucros operacionados pelos progressos da mecanização do sistema produtivo alcançados com a modernização, o que se implanta nesses países é um processo acelerado de marginalização socioeconômica que atinge camadas cada vez maiores da população, estabelecendo-se uma bipartição entre uma pequena parcela de privilegiados e a nação. Disso resulta o enrijecimento da ordenação social e do sistema político destinados a garantir à oligarquia e ao patriciado o exercício do poder e a fruição dos benefícios do progresso, como sócia menor da espoliação imperialista de seus próprios povos, que absorve a massa principal do produto do trabalho nacional. Mas resulta também na constituição de uma mole humana de marginalizados que se concentram nas orlas das cidades e das metrópoles, uniformizada culturalmente pela singeleza de seus modos de vida e tendente a unir-se, um dia, por sua comunidade de destino, como os que só terão oportunidade de integrar o sistema ocupacional e de participar da vida social e política da nação, com a erradicação da ordem vigente. A Europa que experimentou uma compulsão da mesma natureza na segunda metade do século passado, quando vivia uma etapa correspondente do processo de industrialização, só pôde enfrentá-la exportando como colonos e desgastando em guerras cerca de 100 milhões de europeus. A oligarquia latino-americana, que não contará com expedientes tão simples, tem, nesta massa de contrapartes de sua riqueza, o opositor chamado historicamente a erradicá-la do panorama social de seus países.

A industrialização dos *Povos-Novos* e dos *Povos-Testemunho*, realizando-se sob estas condições de resistência oligárquico-patricial interna e de espoliação externa, processou-se deformada e incapaz de gerar os efeitos renovadores que operou em outros contextos. Primeiro, porque se fez reflexamente, pela montagem de mecanismos modernizadores destinados a ativar seu papel de produtores de matérias-primas. Segundo, porque tornou-se meramente substitutiva de importações e desenvolveu-se estrangulada por diversos procedimentos limitadores: a propriedade estrangeira da maioria das plantas industriais que as transforma em mecanismos de captação de recursos; o seu caráter predominante de indústrias de consumo que multiplicam a oferta de artigos suntuários, drenando parcelas ponderáveis da renda nacional para gastos supérfluos que as nações industrializadas só se puderam proporcionar tardiamente; a sua incapacidade de assegurar autonomia do processo de desenvolvimento nacional por lhe faltarem, precisamente, as indústrias de base e de produção de maquinaria. E, finalmente, por serem operadas as suas fábricas como bens importados, frutos do desenvolvimento tecnológico ocorrido alhures, do qual permaneceram sempre dependentes.

Outro efeito da pseudoindustrialização assim implantada foi a substituição do empresariado nacional que o Capitalismo Industrial fez surgir onde quer que amadurecesse, por uma camada meramente gerencial de interesses estrangeiros ou por uma burguesia burocrática e cosmopolita, mais interessada no destino internacional do próprio capitalismo do que no desenvolvimento de um corpo nacional de cientistas e tecnólogos, capazes de dominar o saber moderno, em virtude da transferência de suas funções para os departamentos de investigação das sedes das corporações estrangeiras que gerem a industrialização nacional.

A diferença dos efeitos na introdução da tecnologia industrial entre aquelas duas categorias de povos e os *Povos-Transplantados* exprime, essencialmente, a flexibilidade estrutural destes últimos em relação à rigidez dos primeiros, com respeito ao papel constritor de suas oligarquias. Os EUA, o Canadá, a Austrália e a Nova Zelândia, instituídas como nações pela transladação de populações marginalizadas da Europa para áreas desertas ou ralamente povoadas, puderam estruturar suas sociedades sem enfrentar as barreiras da obstrução oligárquico-patricial de acordo com a visão do mundo que já traziam como populações originárias de países em via de industrialização. Beneficiam-se, inicialmente, dos vínculos com a Inglaterra que, por um lado, lhes assegurava mais fácil domínio das fontes de saber tecnológico moderno e, por outro, da influência de uma tradição política democrática, que permitia certo grau de participação popular na ordenação social. Esta participação é que deu base à política de expropriação das fazendas pertencentes ao inimigo, depois da guerra de independência dos Estados Unidos e, depois, às leis do *Homestead* que abriram o Oeste a milhões de granjeiros.

Representou, também, um papel relevante na configuração da América do Norte, a circunstância de, como povos protestantes, os colonizadores procurarem alfabetizar toda a população para tornar acessível a palavra bíblica, o que não ocorreu nos países católicos. Este fato é provavelmente tão importante quanto o paralelo weberiano do espírito capitalista e da ética protestante (Max Weber 1948). Efetivamente, a alfabetização em massa capacitou amplas camadas da população norte-americana[11] a participar da vida política, a concorrer às eleições e permitiu preencher um dos pré-requisitos básicos de qualificação da mão de obra de uma civilização industrial que não se forma pela tradição oral, mas pela transmissão escrita dos conhecimentos. Um episódio retrata a importância deste fator: a tiragem atingida pelo livro clássico de chamamento libertário de Thomas Paine (On Liberty) que foi lido nos dois meses que se seguiram à edição por cerca de 150 mil pessoas e representou um papel relevante na mobilização popular para a luta pela independência. Seria impossível reproduzir-se um fato desta natureza em qualquer outra área americana em virtude do analfabetismo prevalecente em toda a população, inclusive entre as camadas ricas.

Comparada a progressão norte-americana com a argentina e a uruguaia, também *Povos-Transplantados*, verifica-se que as diferenças nos respectivos desenvolvimentos se explicam pela existência, nesses últimos, de uma oligarquia, latifundiária que, mesmo após a independência, preservou o monopólio da terra; e de uma burguesia comercial portuária que limitou a expansão da atividade criativa dos imigrantes a uma mera indústria artesanal mantendo um regime de estímulo às importações. Esta constrição é que estrangularia o desenvolvimento argentino e o uruguaio, em comparação ao dos outros povos transplantados não sujeitos a tais controles paralisantes. O monopólio da terra, sobretudo, é que conduziria a uma situação crítica, nas duas últimas décadas, as economias argentina e uruguaia de exportação de carne, de lã e de cereais, produzidos em latifúndios, em face da competição dos granjeiros canadenses, australianos e neozelandeses.

---

11 Em 1850, a América do Norte contava com 80% de sua população alfabetizada; à mesma época, a Rússia só havia alfabetizado 6% e a América Latina deveria ter uma percentagem similar de analfabetos.

A massa de imigrantes europeus encaminhada para os países rio-platenses, após breves períodos no campo, foi compelida a buscar as cidades pela impossibilidade de se fazer granjeira. Deste modo, aquelas sociedades se viram com o duplo problema de não terem constituído a classe média rural que poderia sustentar, como mercado, sua industrialização. E de sofrerem uma urbanização precoce que reduziu a compressão demográfica para a reforma agrária e criou um vasto setor parasitário para sua economia.

Teve, também, grande importância para os *Povos-Transplantados* do Sul, o fato de emergirem da dominação ibérica para cair sob a influência britânica, quando os Estados Unidos dela se libertavam, através da independência, escapando, assim, da sujeição do pacto colonial para cair numa dependência neocolonialista. Enquanto os norte-americanos se dedicavam à expansão de sua fronteira interna, através de uma economia agrícola granjeira e da implantação de uma infraestrutura industrial autônoma, já com vistas a uma política de potência, a Argentina e o Uruguai independentes procuravam proporcionar-se o consumo de bens manufaturados, esforçando-se por alargar suas lavouras e sua pecuária de exportação, através da expansão do latifúndio e das explorações estrangeiras de recursos naturais.

Os desenvolvimentos são, portanto, opostos. No primeiro caso, temos um projeto de povoamento através da difusão da pequena propriedade rural que permitiria criar um poderoso mercado no qual se assentaria o desenvolvimento industrial posterior. No segundo, a manutenção das funções complementares tradicionais da economia herdada do regime colonial, e a criação de novas *dependências* externas, cada vez mais imperativas.

O conteúdo arcaico da região Sul dos Estados Unidos, que reagiu de armas na mão contra a orientação industrializadora, autonomista e democrática do Norte, exemplifica o papel de constrição oligárquica da economia de plantação, demonstrando o quanto este fator afetou o processo de desenvolvimento dos países onde prevaleceu no período colonial e onde sobrevive ainda. Vencida e subjugada pela guerra de secessão, a região sulina amargaria o seu próprio atraso frente ao Norte e ao Oeste, que progrediram por novos caminhos. Mesmo vencida, porém, persistiria, por décadas, como uma tara de atraso atrelada à sociedade norte-americana. Invicta, ainda, na América Latina, exceto em Cuba e no Peru, esta economia de fazendas, com interesses patrimoniais que representa e por seu papel conformador fundamental das sociedades nacionais, constitui a causa básica do atraso de todo o continente.

Estas diferenças explicam o retardamento, em grau maior, dos *Povos--Novos* e dos *Povos-Testemunho* da América Latina, anquilosados pela rigidez de sua estrutura social, vale dizer, pelo papel constritor de suas minorias dominantes que condenaram o grosso da população à ignorância e à pobreza em que vegeta até hoje, marginalizada econômica, social, política e culturalmente da vida nacional.

Superar estes percalços foi, até agora, um desafio insuperável para os *Povos-Novos* e muito difícil para os *Povos-Testemunho*. Importa para todos eles, num enorme esforço reordenador de toda a sociedade que seguramente só poderá ser conduzido intencionalmente, ao contrário do que ocorreu entre os *Povos-Transplantados* do Norte onde pôde realizar-se mais ou menos espontaneisticamente. Alcançar esta reordenação exigia tamanho esforço de autossuperação que, à exceção do México, da Bolívia, com suas revoluções de 1910 e 1952 e, mais recentemente, de Cuba (1959) e do Peru (1968), nenhum outro povo americano logrou enfrentá-lo com um mínimo de sucesso. A dificuldade fundamental encontrava-se e ainda se assenta no caráter da trama de interesses oligárquico-privatistas que presidiu a ordenação original destas sociedades fundadas no sistema de fazendas e no *escravismo* e que após a independência, apenas as modernizou reflexamente como formações neocoloniais. O enfrentamento e a superação deste enquadramento retrógrado não se pode fazer mediante qualquer intensificação de sua modernização reflexa porque esta seria perpetuante do seu atraso. Só se pode alcançar por meio da reestruturação prévia da sociedade, por via de uma profunda revolução social capaz de liberar as energias secularmente contidas de seus povos.

Uma vez aberta e refeita a ordem social, estes povos poderão orientar--se para o pleno desenvolvimento mediante a aceleração do seu ritmo de progresso até um nível que lhes permita alcançar, em prazo previsível, o grau de desenvolvimento já conseguido pelos povos avançados. Paradoxalmente, esta aceleração é a um tempo mais simples e muito mais complexa do que os problemas de desenvolvimento com que se defrontaram os povos que já venceram essa etapa. Mais simples, porque se trata de induzir suas próprias sociedades a experimentar transmutações do sistema produtivo operadas, desde há muito, nas nações desenvolvidas, através da industrialização. Só por constituir a repetição de experiências já vividas por outras nações, o processo se torna menos difícil e passível de ser conduzido racionalmente, com economia de tempo e de recursos e menos penosamente. É, todavia, muito mais complexo, porque toda uma conjura mundial e local de interesses investidos no velho sistema se opõe à indispensável renovação prévia da estrutura social, temerosa dos prejuízos que representará para os povos cêntricos uma reordenação da economia dos periféricos, e para as oligarquias locais, a perda de seus privilégios.

A revolução na tecnologia tem, como se vê, para os povos subdesenvolvidos como pressuposto básico, uma revolução social interna e um enfrentamento decisivo na órbita internacional. Somente por esta via, eles poderão retirar os instrumentos de poder e de formulação da ordem social das mãos das oligarquias, dos patriciados internos e dos seus associados internacionais, igualmente comprometidos com seu atraso, porque sabem fazê-lo lucrativo para si próprios.

II
O PROCESSO CIVILIZATÓRIO
RESUMO*

---

* É reproduzido aqui o texto constante do final do volume *O processo civilizatório*, publicado pela Editora Civilização Brasileira S.A. em 1968.

Ao estudar os caminhos da evolução sociocultural, vemos que as sociedades humanas emergiram, com a *Revolução Agrícola*, da condição de *Tribos de Caçadores e Coletores* para a vida em *Aldeias Agrícolas Indiferenciadas* ou em *Hordas Pastoris Nômades*, através de dois processos civilizatórios sucessivos. Estas transições tiveram lugar, pela primeira vez, há cerca de 10 mil anos no caso das formações agrícolas e um tanto mais tarde no das pastoris, entrando ambas a expandir-se, desde então, até abranger todo o mundo. No curso do seu desenvolvimento, acabaram por dinamizar a vida de todos os povos, integrando a maioria deles nas novas tecnologias e a outros marginalizando como sociedades atrasadas na história, algumas das quais ainda hoje se encontram nesta condição. Seu efeito crucial foi a cristalização de dois modos de enquadramento da vida humana que, uma vez plasmados, persistiriam durante milênios como modeladores da existência dos povos.

Estas formações socioculturais, engendradas pela criação de novos sistemas de produção, passaram a atuar e a propagar-se de acordo com imperativos a elas inerentes, só podendo ser suplantadas por novas transformações revolucionárias na tecnologia produtiva ou militar. Com a Revolução Agrícola e respectivos processos civilizatórios, tem início um movimento de aceleração evolutiva que faria suceder uns aos outros toda uma série de modeladores. Estes se escalonariam geneticamente e se diferenciariam uns dos outros pelo caráter mais progressista de cada nova formação, em termos do grau de eficácia de sua ação produtiva, da magnitude dos contingentes humanos que poderia integrar em unidades operativas e da ampliação e acuidade de seus corpos de saber.

À Revolução Agrícola sucede a *Revolução Urbana*, por uma acumulação de progressos tecnológicos e de mudanças correlatas operadas na estruturação social e nas esferas ideológicas da cultura. Com essa segunda revolução tecnológica e seus dois processos civilizatórios, algumas sociedades passaram à condição de *Estados Rurais Artesanais*, de modelo *Coletivista* ou *Privatista*, que já encontrariam no território em que se assentavam a base de sua unidade étnico-política e se bipartiriam em contingentes urbanos e rurais, ambos estratificados em classes econômicas. Outro processo civilizatório, movido pela mesma revolução tecnológica, conduziu algumas hordas à condição de *Chefias Pastoris Nômades*, socialmente menos diferenciadas e culturalmente mais atrasadas que os Estados Rurais Artesanais, mas, em compensação, muito mais aguerridas. Os choques entre lavradores e pastores representaram, desde então, um papel dinamizador do processo histórico, que contribuiu tanto para a aceleração evolutiva de alguns povos como para a quebra da autonomia de muitos outros, através de movimentos de atualização histórica e da criação de entidades multiétnicas tendentes ao expansionismo. Onde os povos pastoris estiveram ausentes, como nas Américas, pela inexistência de espécies domesticáveis para montaria e tração, a evolução processou-se mais lenta e menos tumultuadamente.

Com o desencadear da *Revolução do Regadio* surgem, passados cerca de 7 mil anos, as primeiras *Civilizações Regionais*, na forma de *Impérios Teocráticos de Regadio* impulsionados por uma tecnologia fundada principalmente na irrigação.

A aplicação, a outras áreas, da tecnologia desenvolvida no corpo das formações teocráticas de regadio e seu aprimoramento posterior dariam lugar a um surto de prodigiosas inovações tecnológicas. Com o seu amadurecimento como *Revolução Metalúrgica*, há três mil anos passados, surgem os *Impérios Mercantis Escravistas*. As duas formações socioculturais, após sucessivo esplendor e decadência como civilizações distintas, acabaram por mergulhar em largos períodos de *Regressão Feudal*, conduzidas tanto pela exaustão do seu potencial civilizatório quanto por ataques de povos marginais, principalmente por Chefias Pastoris Nômades que também se haviam feito herdeiras da tecnologia metalúrgica e de outras conquistas daquelas civilizações.

Uma nova revolução tecnológica, a *Pastoril*, desencadeia-se nos primeiros séculos de nossa era, provocando as primeiras rupturas com o feudalismo, de caráter não meramente restaurador das velhas formações. Emerge com o amadurecimento de algumas Chefias Pastoris Nômades, integradas na tecnologia do ferro e motivadas por religiões messiânicas de conquista, que se lançam sobre áreas feudalizadas. Armados com uma tecnologia nova e com uma ideologia legitimadora de sua fúria sagrada, estes grupos pastoris capacitaram-se a conquistar grandes populações e estruturá-las na forma de *Impérios Despóticos Salvacionistas*.

Segue-se a *Revolução Mercantil*, que amadurece no século XV, baseada fundamentalmente nos progressos da navegação oceânica e das armas de fogo, ensejando uma segunda superação do feudalismo, agora pela dinamização das forças reordenadoras internas. Tal se dá, originalmente, com a explosão da Europa sobre o mundo, processada, simultaneamente, a partir da Península Ibérica e da Rússia moscovita, nos albores do século XVI. Ambas encontram energias para a expansão reorientando os esforços mobilizados para a reconquista de seus territórios dominados, no primeiro caso por muçulmanos, no segundo por tártaro-mongóis. Configuram-se como *Impérios Mercantis Salvacionistas*, só incipientemente capitalistas, profundamente influenciados por motivações religiosas e por tradições despóticas. Como povos peninsulares, os ibéricos lançam-se ao mar e estruturam o primeiro império mundial fundado no colonialismo escravista. Os russos, como área continental, lançam-se à colonização mercantil dos povos do seu contexto, integrando no mesmo sistema sociopolítico toda a Eurásia.

A mesma revolução tecnológica vinha propiciando, simultaneamente, a restauração do sistema mercantil europeu e, por esta via, o amadurecimento de uma nova formação sociocultural, o *Capitalismo Mercantil*, que, rompendo a estagnação em que havia caído a Europa feudalizada, acionou um novo processo civilizatório que se expandiria, a seguir, sobre todo o mundo. A formação Capitalista Mercantil, tal como os Impérios Mercantis Salvacionistas, biparte-se em complexos contrapostos, porém mutuamente complementares: ou núcleos metropolitanos de economia principalmente capitalista e o contexto externo, objeto de sua exploração, que se configura como *colonialismo* de caráter escravista, mercantil ou de povoamento.

Um novo salto evolutivo sobrevém, trezentos anos depois, com a *Revolução Industrial*, fundada na tecnologia de conversores de energia inanimada, ativando algumas das sociedades capitalistas mais avançadas para configurá-las como uma nova formação sociocultural, a *Imperialista Industrial*. Também esta se divide em dois complexos: os núcleos reitores, já agora situados em vários continentes, e as formações *neocoloniais* para as quais tanto progridem as antigas áreas de dominação colonial quanto regridem as nações independentes que, não havendo integrado seus sistemas produtivos na tecnologia industrial, caíram em situação de dependência e de modernização reflexa através da atualização histórica.

As tensões geradas pela Revolução Industrial fazem surgir, no curso da primeira guerra mundial, uma nova formação sociocultural, o *Socialismo Revolucionário*, que entra a expandir-se sobre áreas periféricas do sistema capitalista como um processo de aceleração evolutiva capaz de conduzir sociedades atrasadas na história à condição de sociedades industriais modernas. Mais tarde, algumas formações capitalistas industriais, despojadas de contextos coloniais e dinamizadas por processos internos de reestruturação social, entram a transformar-se, configurando uma outra formação, o *Socialismo Evolutivo*. Por fim, alçam-se alguns povos coloniais ou neocoloniais, através de movimentos revolucionários de emancipação nacional, contra a espoliação imperialista e contra as estruturas oligárquicas internas que se opõem a seu desenvolvimento, configurando-se como *Nacionalismos Modernizadores*.

Os movimentos cruciais desta evolução sociocultural foram provocados pelas duas últimas revoluções tecnológicas – a Mercantil e a Industrial – que desencadearam os primeiros processos civilizatórios de âmbito mundial. Elas é que colocaram em interação todos os povos do mundo, acordando alguns adormecidos em idades tribais, ativando outros ainda estruturados em economias rurais-artesanais ou pastoris-nômades e subjugando os dois Impérios Teocráticos de Regadio das Américas, bem como *Povos--Testemunho* de antigas civilizações estancadas no feudalismo. Engajaram--nos todos num mesmo sistema produtivo e mercantil, mediante a atualização histórica, como seu contexto colonial ou neocolonial. Deste modo unificaram a humanidade inteira como o quadro sobre o qual deverão atuar as forças renovadoras de uma nova revolução tecnológica, a Termonuclear, tendente a cristalizar uma *Civilização da Humanidade*, estendida por todo o mundo, movida pela mesma tecnologia básica, ordenada segundo as mesmas linhas estruturais e motivada por idênticos corpos de valores.

No presente esquema da Evolução Sociocultural, reconhecem-se oito revoluções tecnológicas (Agrícola, Urbana, do Regadio, Metalúrgica, Pastoril, Mercantil, Industrial e Termonuclear) que se desdobram em doze processos civilizatórios, responsáveis pela cristalização de dezoito formações socioculturais, algumas das quais se dividem em dois ou mais complexos complementares. Conceitua-se o Feudalismo, não como uma etapa evolutiva ou um processo civilizatório gerador de uma formação sociocultural específica, mas como uma regressão cultural seguida do mergulho no estancamento socioeconômico em que pode tombar qualquer sociedade que se encontre no nível de civilização urbana. Desta condição regressiva as civilizações só podem ressurgir para restaurar-se nas mesmas bases, até que a emergência de nova revolução tecnológica enseje a superação desses movimentos cíclicos. Isso foi o que ocorreu na Europa, onde se desencadeou, pioneiramente, a Revolução Mercantil, fazendo de alguns de seus povos o centro reitor de novos processos civilizatórios que se expandiram por todo o mundo. O rompimento se deu, primeiro, através de duas áreas marginais, a Ibéria e a Rússia, configuradas pela Revolução Mercantil como formações incipientemente capitalistas e suscetíveis de cair em feudalização; em seguida, pelo amadurecimento das primeiras formações Capitalistas Mercantis, algumas das quais dinamizadas mais tarde pela Revolução Industrial, que daria às nações do Centro e do Norte da Europa, até então atrasadas no conjunto da evolução sociocultural, alguns séculos de domínio hegemônico sobre todos os povos.

A circunstância de terem esses passos necessários da evolução humana ocorrido pioneiramente na Europa coloriu de conteúdos ideológicos singulares os processos civilizatórios através dos quais se difundiu a tecnologia da Revolução Mercantil e da Revolução Industrial. Assim é que o desenvolvimento capitalista-mercantil e o imperialista-industrial ganharam um perfil "europeu ocidental e cristão", como se esses atributos étnico-culturais e religiosos fossem o conteúdo fundamental da tecnologia da navegação, das armas de fogo, dos motores a explosão ou da gasolina. Em consequência, estas conquistas tecnológicas e o poderio nelas assentado foram tidos como "façanhas do homem branco" e como provas de uma suposta superioridade inata sobre todos os povos do mundo. Na verdade, tratam-se de etapas naturais e necessárias do progresso humano que, a não terem amadurecido no contexto europeu, teriam fatalmente florescido em outra área, como a muçulmana, a chinesa ou a indiana.

Florescendo na Europa, permitiram a alguns de seus povos europeizar uma larga parcela da humanidade. O processo prosseguiu atuando, até cristalizar-se no século XX como uma civilização policêntrica em que os antigos centros de civilização da Europa se foram convertendo em núcleos secundários em face do desabrochar das potencialidades de progresso de diversos povos extraeuropeus. Desmascararam-se, dessa forma, as mistificações ideológicas que faziam interpretar um avanço precoce e circunstancial como prova da superioridade intrínseca de uma matriz cultural e religiosa.

Às forças renovadoras da Revolução Industrial somam-se, em nossos dias, dois efeitos cruciais. Primeiro, os da *Revolução Termonuclear*, da qual se deve esperar uma função homogeneizadora das formações mais avançadas, que culminará por configurá-las no mesmo tipo de formação sociocultural. Segundo, uma função aceleradora do progresso, que possibilitará a recuperação do atraso histórico dos demais povos. Estas duas forças atuam convergentemente no sentido de integrar todos os povos numa mesma "civilização humana", afinal unificada e insuscetível de qualificar-se como correspondente a qualquer raça ou a qualquer tradição cultural particular.

Algumas das características básicas da Revolução Termonuclear, enquanto processo civilizatório – como a redução progressiva das diferenças de classe, a integração da ciência no sistema adaptativo e a compulsão antes aceleradora do que atualizadora – inovam o próprio processo de evolução, colocando a humanidade diante de um novo limiar de desenvolvimento autoconduzido e de regência intencional da história que acabará por integrar todos os povos numa mesma formação sociocultural.

Encarado em conjunto, este esquema da evolução sociocultural é caracteristicamente multilinear porque admite várias formas de transição da condição tribal à agropastoril, desta às civilizações regionais e, finalmente, às sociedades modernas. Considera, ainda, que cada revolução tecnológica segue seu curso através de processos civilizatórios que, ao se expandirem em ondas consecutivas, vão alargando cada vez mais as áreas de difusão das novas tecnologias e remodelando os povos, mesmo depois da emergência de novas revoluções. Estas, por sua vez, envolvem povos atingidos ou não pelas anteriores, remodelando-os e afetando diferencialmente seus modos de vida e suas perspectivas de desenvolvimento, conforme se difundam como movimentos exógenos de atualização histórica ou como esforços endógenos de aceleração evolutiva.

A concatenação das revoluções tecnológicas e dos processos civilizatórios com as respectivas formações socioculturais permite falar de um processo civilizatório global, diversificado em etapas sucessivas, que, mesmo cumprindo-se em povos separados uns dos outros no tempo e no espaço, promoveu reordenações da vida humana em áreas cada vez mais amplas e sua integração em entidades étnicas e políticas cada vez maiores, até unificar toda a humanidade num só contexto interativo. Através desse processo, a espécie humana, que era originalmente pouco numerosa e largamente diferenciada em etnias, se foi multiplicando demograficamente e reduzindo o número de complexos étnicos, tanto no plano racial quanto no cultural e linguístico. Este movimento parece conduzir, em termos milenares, à unificação de todo o humano em uma só ou muito poucas variantes raciais, culturais e linguísticas, até que um dia, em futuro remoto, a redução do patrimônio genético torne qualquer casal capaz de reproduzir qualquer fenótipo e cada pessoa capaz de entender-se com as outras, à base de um amplo patrimônio cultural coparticipado.

O esquema evolutivo proposto registra, por último, que os intervalos entre as sucessivas revoluções tecnológicas se vêm reduzindo progressivamente e que, simultaneamente, aumenta seu poder condicionador, tanto em capacidade compulsória como em amplitude de ação. Assim, a humanidade necessitou de meio milhão de anos para edificar as bases da conduta cultural sobre as quais se tornou possível a Revolução Agrícola, deflagrada há dez mil anos passados por uns poucos povos (8000 a.C.). Seguiu-se-lhe a Revolução Urbana, que amadureceu originalmente há 7 mil anos passados, e a que sucedeu a Revolução do Regadio, que se exprimiria nas primeiras civilizações regionais (2000 a.C.), cerca de 3 mil anos mais tarde. Da Revolução Metalúrgica (100 a.C.), desencadeada dois milênios depois, passa-se à Revolução Pastoril (600 E.C.), que emerge passados 1.600 anos. Vêm em continuação a Revolução Mercantil (1500), que tem lugar 700 anos mais tarde, a Revolução Industrial (1800), que se distancia em apenas 300 anos da anterior, e, por fim, a Revolução Termonuclear, que floresce em nossos dias com um intervalo ainda menor.

Esta intensidade crescente no ritmo de mudança nos modos de vida humana faz com que a experiência e a visão do mundo de duas gerações contemporâneas se distanciem mais que as predominantes entre dez ou cem gerações no passado. O caráter acumulativo do progresso tecnológico e a aceleração do seu ritmo permitem supor que, nas próximas décadas, ainda neste século, conheçamos transformações ainda mais radicais. Nesse caminho, o homem que venceu a competição com outras espécies na luta pela sobrevivência, desenvolvendo uma conduta cultural que lhe permitiu disciplinar a natureza e colocá-la a seu serviço, acabou por ver-se submergido num ambiente cultural hoje muito mais opressivo sobre ele do que o meio físico ou qualquer outro fator.

Nada autoriza a supor que tenha limites a flexibilidade até agora revelada pelo homem para ajustar-se às condições mais diversas. É de perguntar-se, porém, se o condicionamento cada vez mais opressivo a ambientes culturais não pode pôr em risco a própria sobrevivência humana. As ameaças que já hoje pesam sobre a humanidade levam a temer que estejamos alcançando esses limites, arriscando ultrapassar a linha fatal, se não forem desenvolvidas formas racionais de controle da vida social, econômica e política que habilitem os novos ao comando científico de todos os fatores capazes de afetar seu equilíbrio emocional e sua sobrevivência sobre a Terra. Também esse imperativo de racionalização da vida social e de intervenção no mundo dos valores que motivam a conduta aponta para o socialismo como a mais capaz das formas de prover os sistemas impessoais de controle tornados indispensáveis para fazer os homens mais livres e mais responsáveis no mundo da abundância, estimulando sua capacidade criadora e fazendo da pessoa humana a norma e o fim do processo de humanização.

III
DEBATE INTERNACIONAL DE *CURRENT ANTHROPOLOGY*

1. Comentários

1) Andrew Hunter Whiteford
(Beloit, Wisconsin, EUA, 5-8-1969)

O processo civilizatório tenta "sintetizar a evolução sociocultural durante os últimos 10 mil anos". É um trabalho de erudição e um ato de coragem. Eu o admiro, embora não concorde com Ribeiro de que seja "um pré-requisito indispensável para compreender a formação dos povos americanos".

É um ato de coragem porque o autor expõe-se à possibilidade de discordâncias de detalhes, quanto a nomes e datas; discordâncias com suas formulações teóricas e interpretações dos acontecimentos e processos. As datas e os detalhes da reconstrução histórica deixarei para outros, não tendo nem a competência nem o interesse de refazer a pesquisa maciça de Ribeiro. É suficiente para mim que os estágios e os processos que ele descreve façam sentido e forneçam uma síntese geral dos principais acontecimentos históricos; estou mais interessado nas suas interpretações e conclusões. Estou especialmente fascinado com a oportunidade de conhecer um homem com suas qualificações únicas de treinamento científico, pesquisa extensa entre povos *iletrados* bem como a prática responsável e comprometimento nos negócios de uma nação importante e complexa. Estou ansioso para saber como ele vê a situação contemporânea na América Latina, que instrumentos e conceitos intelectuais achou mais apropriados para analisá-la e que projetos oferece para a solução de seus problemas.

É um trabalho de erudição na sua amplitude de alcance, nas suas contribuições para o desenvolvimento de uma teoria evolucionista e, o que é mais importante, no notável grau de objetividade e equilíbrio com que ele examinou o socialismo e o capitalismo contemporâneos. Ribeiro está longe de ser um neutro e contemplativo, mas conquanto esclareça bem que espera que a sociedade do futuro seja de uma nova espécie de socialismo, suas críticas e análises dos EUA, da URSS e da China são igualmente descorteses e negativas. Tal objetividade é rara, especialmente num latino-americano com a experiência política de Ribeiro. (Outro elemento de objetividade pode também ser notado na publicação deste livro[1] por uma instituição científica do governo dos EUA.)

Admirar Ribeiro não quer dizer que se precise aceitar ou concordar com tudo que ele diz; a amplitude de seu trabalho oferece algo para cada um. Para discuti-lo, passarei por cima de assuntos de terminologia e da significação da estrutura evolucionista para comentar certos aspectos de suas interpretações e prognósticos. Não há espaço aqui para enumerar os pontos com os quais concordo com a sua análise perspicaz e convincente da situação presente dos EUA; falta só e significativamente um completo reconhecimento dos tipos de mudança que estão ocorrendo no presente momento. Pode limitar esses acontecimentos simplesmente porque está mais preocupado com a próxima "formação sociocultural" evolucionista e também se o capitalismo pode transformar-se em outra coisa que não seja o socialismo.

Importa realmente se as tendências ao socialismo são "espontâneas" ou planificadas, se representam o declínio do capitalismo ou o desenvolvimento do socialismo, ou se resultam em puro socialismo, ou uma combinação do planejamento estatal com o empreendimento individual, desde que o fim desejado, o melhor para o maior número de pessoas seja atingido?

A significação prática do argumento escapa-me.

Ribeiro vê várias das forças e pressões que estão agindo nos EUA contemporâneos, mas não reconhece os protestos contra o sistema como revolucionários e causadores de mudança. Sua dificuldade em reconhecer a natureza mutante das sociedades capitalistas parece conduzi-lo a uma estranha confusão no que respeita a fins e meios. Por exemplo, cita, como manifestações de repressão às classes inferiores, políticas governamentais tais como o encorajamento imigratório, criação de sindicatos, "para desviar o ímpeto revolucionário para o ganho econômico", "o desenvolvimento da legislação social protecionista e multiplicação dos serviços sociais que melhoram as condições de vida entre as classes inferiores" (p. 119). Esta

---

1 Andrew Hunter Whiteford refere-se aqui à primeira edição em inglês de *O processo civilizatório*, publicada em Washington pela Editora do Smithsonian Institution em 1968. As citações e as páginas mencionadas por ele e pelos demais comentadores dizem respeito à essa edição. (N. E.)

mesma visão de repressão está expressa novamente no fim do capítulo da Revolução Industrial (p. 123) onde conclui que as sociedades capitalistas têm falhado porque são incapazes de "imbuir um sentido de missão nas suas populações que ofereça um destino mais elevado que a mera existência". Em vez disso, oferecem ao seu povo somente tranquilidade e mais e melhor alimentos.

Não sugiro que uma sociedade cheia de zelo e patriotismo não seja uma sociedade mais dinâmica e que seja o tipo na que preferiria viver, mas paz de espírito e uma dieta adequada para um povo não são realizações medíocres sob qualquer sistema político e não têm sido inteiramente atingidos por nenhum país importante do mundo atual. Seria o primeiro objetivo de um bom governo doutrinar o seu povo a compartilhar um "sentido de missão" ou deveria satisfazer suas necessidades imediatas e terrenas? Não compreendo por que Ribeiro sente que um "sentido de missão" é mais importante para a população em geral do que alimentação, a saúde, a tranquilidade e eu considero esse ponto de vista inconsistente com sua defesa do materialismo cultural.

Na sua discussão da sociedade do futuro, o autor fala por todos nós, mas não posso evitar de sentir que ele é um otimista maior do que eu, apesar de toda sua experiência prática. Sua crença num governo mundial que será capaz de resolver todos os problemas através de um planejamento racional leva-o face a face com os problemas com que sempre se defrontaram idealistas sociais. O estado universal torna-se o déspota benigno e omnisciente que planifica todos os programas para o bem de seus súditos e ainda – e este é o problema – permite-lhes liberdade pessoal para o desenvolvimento completo de seus talentos e personalidades. Concordo com a sua enumeração dos problemas mundiais que requerem tal governo e tal sociedade para a sua solução, mas não encontro prova de que esteja na competência do homem planificá-los e levá-los a cabo. Não encaro o homem como um animal tão racional assim.

Pontos menos importantes de discordância parecem-me o emprego da China e da URSS (p. 121) como exemplos de rápido progresso a ser atingido sob o socialismo nacional. É enganador e perigoso porque implica em que todos os países poderiam atingir resultados semelhantes sob um sistema político semelhante sem levar em conta seu tamanho, localidade, recursos naturais. Isto obviamente não é verdade.

Ao discutir as taxas de crescimento econômico das nações em desenvolvimento, Ribeiro indica (p. 122) que até mesmo sob a taxa soviética de 6,4% *per capita*, por ano, o Brasil *não* poderia alcançar os EUA *dentro* de 40 anos. Aqui ele está enfatizando uma situação crucial característica de muitas nações, e deve aos seus leitores alguma indicação de como poderia ser corrigida. Se a aplicação de um eficiente e racional tipo de programa socialista não resolveria o quadro, que outra alternativa sugere ele?

Há muitos pontos que gostaria de discutir com Ribeiro, mas limitar-me-ei a um comentário adicional sobre seu livro. Embora reconheça a revolução violenta como um dos instrumentos de mudança evolucionista, ele não a aceita como inevitável nem a encara como universalmente progressista (p. 23). "Mudanças revolucionárias na sociedade" não são necessariamente alcançadas só pela revolta armada e, embora isto possa ser necessário algumas vezes, porque todas as sociedades resistem à mudança, outros tipos de programas revolucionários podem ser igualmente eficientes. Considerando as necessidades urgentes dos países subdesenvolvidos de hoje, as alternativas racionais e eficientes à revolução violenta são difíceis de arquitetar e executar; enquanto no governo universal de Ribeiro, elas seguramente orientariam nossos esforços.

No artigo *Configurações histórico-culturais dos povos americanos*, o resumo muito breve da posição evolucionista do autor é inadequado e contribui pouco para a análise seguinte. Acho confusa sua distribuição das diversas populações nacionais da América Latina pelas categorias de *Povos-Testemunho, Povos-Transplantados* etc. Amontoa a diversidade da sociedade mexicana ou peruana numa singular categoria simplesmente porque está, agora, situada no local de uma cultura pré-colombiana altamente desenvolvida; e falar sobre ladinos e mestiços sendo perturbados pela "memória da grandeza passada" ou pela "indignação moral do drama do qual foram vítimas" soa muito estranho e em divergência com a objetividade científica do livro. Ribeiro está certamente seguro de que as semelhanças sociais ligam as classes superiores mais intimamente aos seus iguais de outras nações do que às classes inferiores de sua própria nação. Em outras partes do artigo, ele claramente identifica os índios como *Povos-Testemunho* porque são monolíngues e adotam padrões e costumes antigos. Esta identificação faz melhor sentido, mas não é o que ele diz no começo.

O artigo reúne grande quantidade de informações sobre a América Latina e representa uma tentativa audaciosa para oferecer uma visão sumária geral com perspectiva crítica. Grande parte dele é muito valiosa, e a tentativa pode eventualmente ser desenvolvida na mais importante síntese das sociedades latino-americanas. Estarei esperando as publicações de Ribeiro sobre a América Latina contemporânea.

2) Cynthia Nelson (Cairo, Egito, 4-8-1969)

Como um dos muitos participantes desta discussão singular, gostaria de restringir meus comentários a certos pontos específicos que me vieram à mente enquanto lia seu livro e artigo, que muito estimulam o pensamento. Estes pontos serão apresentados sob a forma de três perguntas:

1 – O que focalizou Ribeiro que outros escritores do vasto tema da evolução sociocultural negligenciaram e, por outro lado, o que sacrificou ele na procura de um esquema global para os estágios da evolução sociocultural?

2 – Até que ponto o trabalho de Ribeiro reflete uma perspectiva diferente daquela de erudição ou de tradição política euro-americana, e qual o significado disto para a sua interpretação?

3 – De que modo o seu esquema analítico, que ele chama de "configurações histórico-culturais", ajuda-nos a compreender o processo de formação das sociedades nacionais modernas e seus problemas de desenvolvimento?

1. Ribeiro declara muito claramente, desde o início de seu livro, que seu objetivo "é a construção de um novo esquema de desenvolvimento sociocultural" (p. XI). A elaboração de um esquema global de evolução sociocultural é justificada em termos de seu valor na explicação da dinâmica cultural (p. 3). Por "um novo esquema global" ele dá a ideia de querer dizer uma nova tipologia evolucionista composta de uma série de "categorias estrutu-

rais" (formações socioculturais) dentro das quais todas as sociedades humanas podem ser incluídas. Não me é claro, entretanto, como o seu sistema de classificação explica o processo. "Tipologizar" não é somente delinear tipos construídos que isolarão as estabilidades da estrutura dentre a confusão de variação fenomenal, mas também determinar os limites dentro dos quais tais variações ocorrem. "Tipologizar" não explica o processo de mudança. Mesmo se tomássemos em consideração que cada formação sociocultural é uma constelação particular de certos aspectos do modo de adaptação ao ambiente, certos atributos de organização social e certas qualidades de visão do mundo, elas são vistas mais como traços característicos do que como sistemas dinâmicos e inter-relacionados (p. 10 e 11).

Apesar de minhas reservas sobre o valor explicativo de tipologias, concordo plenamente com a crítica astuta de Ribeiro da metodologia funcionalista e da perspectiva que vê nas sociedades mais desenvolvidas o "sistema sociocultural ideal" para onde todos os povos estão caminhando. Creio que Ribeiro enfocou, com muito mais profundidade histórica do que outros escritores que trataram esse tema, os fatores subjacentes às nações "desenvolvidas" e "subdesenvolvidas". Ele argumenta que o subdesenvolvimento não é um estágio transitório entre formas arcaicas e modernas de sociedade, mas uma condição estrutural que inibe o progresso: "As nações subdesenvolvidas são o resultado de um processo espoliativo de incorporação histórica, que acelera o desenvolvimento de outras áreas" (p. 108). (Para correlatos psicológico e ideológico deste enfoque, veja Mannoni (1966) e Fanon (1968). No presente artigo, podemos ver mais claramente a distinção entre países desenvolvidos e subdesenvolvidos como ilustrativo da concepção de Ribeiro, da aceleração evolutiva e incorporação histórica. Talvez seja este enfoque que leve o tradutor[2] a concluir que Ribeiro é um cidadão do "Terceiro Mundo" e vê o desenvolvimento cultural de uma perspectiva diferente daquela da erudição ou da tradição política euro-americana. E é para este aspecto que me volto agora.

---

2   A comentadora Cynthia Nelson refere-se aqui à edição inglesa anteriormente mencionada, cuja tradutora foi Betty J. Meggers, à época pesquisadora associada do Departamento de Antropologia do Smithsonian Institution. (N. E.)

2. Nada tenho contra o fato de Ribeiro recorrer a fontes normalmente evitadas por antropólogos que "reduzem as questões cruciais do destino humano em 'tecnicalidades menores'", e é agradável ler um antropólogo que não tem medo de se ver envolvido com certos valores. Gostaria somente de questionar certas presunções que estão subjacentes sob esta perspectiva. Ao longo de todo o seu livro, achei difícil distinguir claramente a diferença entre revolução tecnológica e processo civilizatório, e acredito que isto se deva em parte à importância excessiva que Ribeiro dá às revoluções tecnológicas como causa fundamental da evolução sociocultural: "O princípio fundamental subjacente à evolução sociocultural confere um poder primacial a desenvolvimentos exponenciais no processo produtivo" (p. 128). Não desejo discutir sobre a importância da capacidade do homem para utilizar energia, o que, por sua vez, influencia sua organização social e a ideologia, mas é muito difícil separar as causas dos efeitos em tal situação. Como Kuhn (1962) tão brilhantemente mostrou em seu tratado *A estrutura das revoluções científicas*, as ideologias (ou visões do mundo) têm sido tão cruciais, se não mais, para as revoluções na tecnologia, quanto alterações acumulativas no sistema produtivo.

Ribeiro prontamente reconhece que todos os cientistas sociais trabalham à base de alguma teoria global do processo histórico, quando falam de ideias tais como "estágios de evolução" ou "processos universais de mudança sociocultural". Sua teoria global deve muito a Marx e ao materialismo dialético. Seus enfoques sobre as sociedades futuras, evoluindo a partir da revolução termonuclear são particularmente reveladores: "No processo, todas as formas de estratificação social existentes serão alteradas e a divisão da sociedade em classes econômicas dissipar-se-á e desaparecerá por fim" (p. 128). "A revolução tecnológica atualmente em curso confirma dramaticamente a observação de Marx sobre o relacionamento fundamental entre o grau de desenvolvimento na produtividade e o caráter social das relações de produção" (p. 131).

É na consistente interação de fatores ideológicos (ou visões do mundo), na compreensão do processo de evolução sociocultural que, a meu ver, reside a maior fraqueza de seu trabalho. Seja-me permitido ilustrar meu ponto de vista com o pensamento de outro *scholar* interessado em importantes fatores implícitos na evolução sociocultural. Num trabalho provocativo sobre a evolução dos meios de comunicação desde culturas áudio-orais, passando pelas culturas de escrita manual impressa "chirographic-print", até as culturas "eletrônicas", Ong (1967) enfatizou e demonstrou que há um profundo relacionamento entre os meios de comunicação e o modo como a sociedade humana percebe e dirige a realidade. Para Ong, são as mudanças na visão do mundo resultantes da invenção da escrita ideográfica, do alfabeto, da imprensa e eletrônica que criaram os processos de modernização que estão engolindo e homogeneizando o mundo. É interessante observar que a cada uma das mudanças de Ong nos meios de comunicação, corresponde uma revolução tecnológica de Ribeiro (Revolução de Irrigação – ideográfica; Revolução Metalúrgica – alfabeto; Revolução Mercantil – imprensa; Revolução Industrial e Termonuclear – eletrônica). Para Ong, a linearidade que a escrita (principalmente a imprensa) impôs à mente, foi crucial para o desenvolvimento da numeração decimal, instrumentos óticos, mapas, cronômetros, bússolas etc., tudo o que Ribeiro chamaria de *"traços* diagnósticos".

3. Chegamos agora à questão final da relevância e utilidade do esquema de Ribeiro para compreendermos a formação das sociedades nacionais modernas e seus problemas de desenvolvimento, um ponto que está diretamente ligado ao presente artigo. O principal objetivo de seu ensaio sobre "As configurações histórico-culturais dos povos americanos" é o estudo da formação étnica baseada nas formulações teóricas esboçadas em seu livro *O processo civilizatório*. Eu estava particularmente interessada em saber como Ribeiro define o termo *ethos*, o que me parecia muito semelhante a "autoimagem" ou o que Mannheim (1936:67-69) chamou de "Consciência histórica". Pensei que em seu artigo Ribeiro entrasse na análise da estrutura do pensamento característico das sociedades nacionais modernas. Pensei que esta fosse uma "das questões cruciais *com que se defrontam* as sociedades modernas" que Ribeiro diz que os antropólogos (bem como outros cientistas sociais) não gostam de tocar. O que Ribeiro verdadeiramente fornece é uma tipologia interessante das configurações histórico-culturais dos povos não europeus do mundo moderno. O principal problema que se lhes defronta, segundo Ribeiro, é a integração progressiva deles no processo

civilizatório do seu tempo, mas ele não tenta relacionar o conceito de *ethos* a este problema.

Geertz (1963:108) esclareceu este ponto falando de "revolução integrativa":

> "[...] Os povos dos novos estados são simultaneamente ativados por duas motivações poderosas inteiramente interdependentes, ainda que distintas e frequentemente opostas: a primeira a ser notada é a procura de uma identidade e o empenho para que esta identidade seja publicamente reconhecida como tendo importância; uma afirmação social do indivíduo como "sendo alguém no mundo". A segunda é prática: é uma demanda de progresso "desempenhando um papel na arena maior da política mundial" [...] A tensão entre ambas é *uma* das forças motrizes centrais na evolução nacional dos novos estados; como o é, também ao mesmo tempo, um dos maiores obstáculos para tal evolução."

A revolução integrativa, diz Geertz, é a reconciliação entre os sentimentos primordiais por um lado e a política civil, pelo outro, à medida em que os novos estados buscam a unidade. Talvez seja a isto que Ribeiro quer chegar quando ele diz: "[...] aí emerge um *ethos nacional*, que representa a correspondência entre a autoimagem do grupo como uma comunidade humana distinta e o estado e governo". Parece-me que o processo de formação étnica e mudança étnica necessitam de uma análise de autopercepção quanto às transformações na estrutura da personalidade que isto implica, e as forças que o adiantam e o retardam, todos são pontos que passam desapercebidos para Ribeiro.

3) CHARLES LESLIE – (NOVA YORK, EUA, 13-8-1969)

O *tour de force* de Darcy Ribeiro merece os maiores elogios. É um livro fantástico. Ribeiro tomou os materiais para esquemas da história mundial e os ajustou a um padrão único. Seu trabalho é conciso, elegante e bem argumentado. O pensamento antropológico da geração passada sobre evolução cultural pode ser reexaminado em relação dialética à formulação de Ribeiro. Seria um erro neste empreendimento tratar suas categorias como caixas classificatórias e argumentar se havia 8 ou 9 ou 16 revoluções tecnológicas,

16, 6 ou 24 processos civilizatórios, 18 ou 36 formações socioculturais. O importante será manter a focalização de Ribeiro sobre o *processo* evolutivo e os padrões históricos que conectam as lutas atuais à carreira humana como um todo.

Com respeito à história mundial, somos como cegos examinando partes de um elefante. Há muito pouco neste livro que eu possa conferir através de experiência direta ou conhecimento criticamente avaliado, e Ribeiro utilizou muitas fontes longe do que os historiadores chamam "originais". Mas o que Ribeiro diz sobre a forma do animal corresponde bastante bem aos relatos de outros e o importante é que ele descreve a besta como um animal *vivo*. Em semelhante tipo de estudo, a ciência e a ideologia se confundem. Aquilo que nós cegos aprendemos imediatamente tem efeito sobre o que pensamos que deveríamos fazer.

4) K.O.L. Burridge – (Vancouver, Canadá, 1-8-1969)

Interessado pelas histórias-culturais do mundo e suas perspectivas terapêuticas, achei o livro e artigo de Ribeiro ao mesmo tempo agradáveis e estimulantes. Sendo ambos muito amplos em tempo e espaço, estão sujeitos, naturalmente, a críticas quanto a questões particulares. Mas deixemos isso de lado. Ribeiro desenvolve, em interpretação e generalização, um processo histórico total dentro de um idioma particular – o evolucionista; mas é sua ideia sobre processo que desejo comentar.

Haverá, como diz Ribeiro, formas socioculturais que, identificadas como culturas totais, seriam as unidades próprias para um estudo da evolução social ou cultural? Muito cedo, os evolucionistas de velho estilo reconheceram esse problema e lhe deram uma resposta negativa, e o iludiram com duas variáveis principais: tecnologia e organização social, desmembrando esta última numa variedade de peças: organização do parentesco, divisão do trabalho, *status* versus relações contratuais e assim por diante. Mas terminaram com tipos que, unidos por frases tais como "no devido curso", ou "em tempo", deram uma impressão do processo evolutivo, antes à maneira da ilustração imaginativa de Haeckel da ascendência do homem.

Acredito que Ribeiro cai na mesma armadilha. Uma coisa é identificar os estágios de um processo evolutivo e outra muito diferente é explicar o movimento de um estágio para o seguinte, embora haja uma relação íntima entre as duas tarefas. Uma torna a outra mais plausível. As formas ou tipos de Ribeiro podem provar sua viabilidade, mas eu o duvido. A taxonomia é impressionística e subjetiva e as unidades (tipos ou formas) são por si mesmas "definidas" por critérios diversos (e.g. Privatista, Nômade) o que é dificilmente suficiente.

Uma das razões substantivas pela qual os antropólogos trocaram os estudos evolutivos pela pesquisa de campo e a estrutura-função foi sua impaciência, a despeito de Marx e Engels, com a inabilidade dos evolucionistas em dar conta satisfatoriamente dos movimentos entre estágios. A difusão e a sobrevivência dos mais aptos não eram suficientes. Para Ribeiro, a evolução é um processo dialético e o termo "revolução" (v. p. 13) designa "tais transformações na habilidade humana para explorar a natureza ou para fazer a guerra, suficientemente prodigiosas para produzir alterações qualitativas nos modos de vida das sociedades". E embora a dialética de Ribeiro seja basicamente marxista, já que ele é vago (Marx não o foi) quanto aos tipos de conflito que são cruciais e quais não o são, outra vez o processo evolutivo se torna elusivo.

Existe uma distinção real, por exemplo, entre diálogo – uma tentativa controlada para resolver diferenças entre posições basicamente coparticipadas – e conflito, que acarreta uma confrontação que só pode ser decidida mediante a vitória de uma parte e derrota da outra. Se tanto o diálogo como o conflito são necessários para o processo evolutivo total, Ribeiro não diz em que circunstâncias ele acredita ser possível o diálogo ou quando o conflito se torna inevitável.

Quanto às suas revoluções, elas parecem depender de qualquer coisa chamada "*surplus production*" (produção *excedente*), não importa o que possa ser isso, e um aumento consequente na população. E isso não é suficiente. Ainda que fosse verdade que, em alguns casos, houve qualquer coisa aceitavelmente identificado como um *surplus*, e que este, combinado com ou seguido de um aumento de população, parecia levar ao tipo de transformação prevista, ainda assim não estaríamos mais próximos do processo evolutivo (deixando-se de lado a explicação dos casos reversos e negativos) sem recorrer a uma série de categorias residuais divergentes.

Se há alguma coisa que o imenso volume de trabalhos de campo dos últimos 40 anos nos ensinou é que, em qualquer forma designada sociocultural existem dezenas de variantes cujas interdependências apenas começamos a perceber. E estas variantes ou combinações delas, vistas, não como coisas ou entidades, mas como conjuntos de relações específicas, são talvez unidades mais úteis para serem consideradas dentro de um painel evolutivo.

Marx e Engels ainda provêm o modelo básico e, através daquele tipo de modelo, podemos realmente ver, experimentar e testar ao menos uma parte do processo evolutivo. Igualmente importante: devemos misturar um pouco de, digamos, Koestler (*O ato da criação*, 1964); isto é, deve haver lugar, em qualquer tese evolucionista, para a ideia generativa. Portanto, embora tenha gostado do livro de Ribeiro, penso nele como uma exposição mítica de como deve ter plausivelmente ocorrido a coisa. Seria útil a pesquisa futura dentro do quadro geral. Devemos ser capazes de desenredar maior número de unidades viáveis; devemos ser capazes de encontrar algo mais satisfatório do que a passagem do tempo como uma categoria explanatória. E podemos fazê-lo, certamente, sem "suplus" – *surplus* para que e para quem? Aplica-se a lei de Parkison. As mudanças em densidades de população e na sua composição que aumentam e diminuem são certamente chaves para o processo evolutivo. Números parcos tornam certos tipos de organização impossíveis, e é particularmente importante entender as correlações de aumentos súbitos nas taxas de mortalidade – a Morte Negra (*Black Death*) e a Renascença Europeia, por exemplo.

Com isso, seja-me permitido reiterar que é bom que um antropólogo tenha escrito um livro como este. Detalhes podem ser sempre escavados, mas a possibilidade de uma boa generalização merece sempre o risco de maus buracos e Ribeiro fez alguns bons.

5) Frederic Hicks – (Louisville, Kentucky, EUA, 30-7-1969)

Achei *O processo civilizatório* um livro estimulante e bem-argumentado, sob muitos aspectos, mais do que o artigo sobre os povos americanos. Estou certo de que um exame mais exaustivo de áreas e períodos específicos levantaria questões sobre algumas das generalizações de Ribeiro, mas uma das vantagens do livro seria a de estimular tais exames. Entre as muitas questões que me ocorreram estão as seguintes:

As eras pré-urbanas não tiveram realmente mudança significativa?

Ou será isso função do modo pelo qual o esquema conceitual de Ribeiro é apresentado? Sete revoluções tecnológicas deram lugar a 12 processos civilizatórios e 18 formações socioculturais. Para preencher todos os escaninhos do esquema (pp. 14-15), cada formação sociocultural deve ser traçada para trás, através de um processo civilizatório, até uma revolução tecnológica. Minha impressão é de que o contraste entre o Paleolítico Superior e as eras que o precederam é suficientemente grande para sugerir que deve ter sido baseado numa revolução tecnológica, mas dificilmente eu poderia defini-la. O estágio das chefias (não pastoris) deve representar com certeza uma diferente formação sociocultural pré-urbana de importância crucial na evolução da cultura (Service 1962; Sanders e Price 1963), embora Ribeiro não a trate como tal. Outra vez aqui é difícil identificar a revolução tecnológica correspondente, e talvez ela seja omitida por esta razão. Não obstante, acredito que o esquema conceitual de Ribeiro é essencialmente correto e, por isso, prediria que mais algumas revoluções tecnológicas restam por ser descobertas.

Ribeiro considera que a revolução urbana gera dois tipos paralelos de Estados Rurais Artesanais: "Coletivista" e "Privatista". *Não serão esses tipos sequenciais ao invés de alternativos?*

Pode-se inferir o desenvolvimento de um tipo coletivista nas chefias redistribuidoras, mas a vaga alusão de Ribeiro (pp. 43-44) aos fatores externos a considerar para o tipo Privatista parece inadequada. A distinção mesma pode frequentemente ser obscurecida nas sociedades pré-industriais, devido à falta de delimitação institucionalizada no exercício, por parte de governantes, de seus poderes de confisco. Mas ali onde isso não ocorre eu acho mais segura a sugestão de Lensky (1966) de que a crescente diversidade de fontes de riqueza e poder, que acompanha o desenvolvimento tecnológico, faria crescentemente impraticável a um regime (do tipo coletivista) locar e apropriar cada incremento de *surplus*. Ele sugere ademais que as diferenças de riqueza entre a gente comum (que resultaria da propriedade privada e de um sistema de livre mercado) tenderiam a dividir as massas, tornando-as menos aptas a se unirem contra seus governantes.

Os componentes religiosos de algumas formações socioculturais não teriam sido supervalorizados?

A história e a etnografia proveem muitas descrições de chefes ou reis tidos como divinos ou de descendência divina; têm poderes divinais ou governam por direito divino. Muitas vezes os próprios governantes funcionam como sacerdotes; outras vezes, os sacerdotes são seus subordinados oficiais de mais alta categoria. White (1959), a quem Ribeiro cita, ficou suficientemente impressionado com a prevalência desse mecanismo de reforço da autoridade, propondo o termo "estado-igreja", que deveria substituir "estado". Suspeito que o elemento teocrático é muito mais amplamente difundido do que Ribeiro faz crer. Governantes com atributos divinos que têm o poder de aliciar a força de trabalho usarão parte desse poder para construir templos, não apenas para a "manutenção de uma vasta classe sacerdotal parasitária" (p. 60; cf. também o tratamento dado à igreja Ibérica), mas para fortalecer seu próprio poder sem o qual tampouco podem aliciar mão de obra para aumentar a produção.

Serão alguns impérios realmente mais "salvacionistas" que outros?

Quando se travam guerras com o fim de obter vantagens econômicas para as classes dominantes, tal como tem ocorrido tão frequentemente desde a revolução urbana, levantam-se dois problemas: 1) como distinguir esta forma de pirataria da qual as massas devem depender tão frequentemente, de modo que os governantes apareçam a seus inferiores (e iguais) como moralmente bons, merecendo ser governantes; e 2) como persuadir as massas a arriscar suas vidas na batalha para o enriquecimento de seus superiores? Necessita-se de uma ideologia inspiradora. Ela é provida, muitas vezes pela religião, aqui claramente "salvacionista". Mas se se emprega uma ideologia diferente, tratar-se-á de uma formação sociocultural distinta?

Me agradou particularmente a discussão de Ribeiro sobre a revolução industrial e a revolução mercantil que a precede como geradoras de distintas formações socioculturais metropolitanas e *colônias* de vários tipos, surgidas para satisfazer as necessidades das nações metropolitanas. A distinção entre o "subdesenvolvimento" que se criou dessa forma e as verdadeiras formações pré-industriais tem sido ignorada desde há muito pelos antropólogos americanos em favor do conceito contraditório de "modernização" de "sociedades tradicionais" que efetivamente obscurece esta, às vezes, embaraçante distinção.

Surgem outras perguntas. Estou certo de que a tipologia tripartida de Ribeiro dos "povos" americanos (eu me teria referido a "sociedades") é válida, mas: *deu-se suficiente atenção às bases econômicas e ecológicas para a tricotomia?*

Ou se terá dado maior ênfase a características incidentais e secundárias tais como manifestações religiosas e à raça *per se* em oposição à classe? Tome-se as "colônias de imigrantes": estão todas nas zonas temperadas, que não se prestam ao cultivo de produtos tropicais valiosos no mercado europeu; tampouco tiveram uma densa população nativa que pudesse ser subjugada para prover mão de obra. Mas nos seus estágios mais antigos elas se prestaram bem à exploração de atividades que requeriam uma baixa densidade populacional, tais como o comércio de peles e a criação de gado. Mais tarde elas geraram *surplus* e populações potencialmente perigosas, e se tornaram áreas de *Povos-Transplantados*. Mas isto explica sua formação?

Que dizer de excedentes de população em sistemas imperiais mais simples?

Será que esse problema também não surge nesses casos? Quanto menor o montante populacional dos povos conquistados (ou colonizados), maior seria o *surplus* disponível para apropriação. Que acontece a esta população se não existem tais colônias? A redução apenas mediante a guerra não resolveria, porque a guerra destrói ao mesmo tempo gente e capacidade produtiva. O sacrifício humano em massa (México central) e a fome (Índia do século XIX, ver Bhatia, 1963) são possibilidades. Mas as inúmeras funções da classe de "desgastes" de Lensky também merecem atenção.

6) Eduardo Galvão – (Belém, Brasil, 2-9-1969)

O propósito manifesto de ambos os ensaios de Ribeiro é revisar os esquemas evolutivo e de desenvolvimento apresentados até agora pelos cientistas sociais, para uma compreensão do processo de desenvolvimento cultural. Ribeiro apresenta seu próprio esquema algo ambicioso, como ele próprio reconhece, em vista do grande período de tempo que envolve, da natureza e fragmentação dos dados históricos disponíveis e do caráter especulativo das teorias propostas até agora como explanações para o "fenômeno humano" de Teilhard de Chardin.

Essencialmente, Ribeiro tenta, em seu livro, analisar as diferenças ocorridas no processo cultural no Velho e no Novo Mundo. Ele tanto utiliza as formulações dos "evolucionistas clássicos" e as dos modernos historiadores culturais. Seu esquema se assemelha ao de Steward ao incluir, no painel geral, os povos americanos, mas vai adiante dele ao prever as implicações da revolução termonuclear.

A abordagem multilinear é posta em relevo e a ênfase é dada ao fato de que o caráter assincrônico do processo, tal como ocorreu em épocas diferentes e em diferentes regiões, levou à existência da atual contemporaneidade de sociedades tribais e de sociedades industriais modernas. É introduzido o conceito de processo civilizatório, sendo a civilização o ponto de cristalização de tal processo; e a etnia, o grupo humano responsável pelo processo. Etnia nacional e macroetnia são vistas como desenvolvimentos ulteriores. Outros conceitos: atualização histórica e aceleração, em contraste com estagnação e regressão. Em outras palavras – e isto é crucial – a oposição entre a evolução multilinear e a unilinear, que tem sido motivo de tanto debate entre antropólogos, pode de fato representar um processo de estágios diversificados e individualizados, no espaço e no tempo, mas que, nas fases, tende a fundir-se num único processo. Não vejo como essa proposição possa ser rejeitada, já que nós mesmos somos testemunha dessa última fase. Seria interessante se o autor tivesse ido além em sua análise, em termos de *macroetnias* dos "socialismos regionais" (como se fragmentam hoje em dia) a despeito do fato de compartilharem uma ideologia comum, colorida em sua aplicação pragmática por tradições e interesses locais, o que leva a conflitos, não só de poder e dominação, mas também a diferenças tais como a própria definição e dinâmica da mudança. Até certo ponto, esta situação lembra o conceito de Steward de "conquistas cíclicas", aqui num nível mais alto.

O livro de Ribeiro não pode ser tido simplesmente como mais uma teoria do desenvolvimento cultural do homem. Ele provê muito para pensar e discutir além dos limites de uma revisão sumária.

Sua visão do processo de desenvolvimento apresentado pelos povos americanos no artigo acima citado, envolve uma classificação que se baseia tanto em desenvolvimento interno como na aculturação. A configuração total inclui *Povos-Testemunho* – andinos e mesoamericanos; os *Povos-Novos* que emergem da fusão de europeus, africanos e americanos; e os *Povos--Transplantados*, que são os que chegaram depois, sobretudo europeu e não se misturaram com os contingentes anteriores. O resultado é um contraste de situações polares, de desenvolvidos e subdesenvolvidos. – A previsão de Ribeiro de uma América morena está mais de acordo com a tendência presente que o processo de branquização visto por alguns autores. Em um ponto, porém, ele falha: não enfatiza as crescentes tensões entre negros e brancos, mesmo em países como o Brasil, tidos há tanto tempo sem razão como um exemplo de "democracia racial". Esse ensaio é antes de caráter sociopolítico do que uma tentativa de análise cultural.

7) Jan Bouzek – (Praga, Tchecoslováquia, 22-8-1969)

O problema mais importante do nosso mundo já não é mais o progresso tecnológico, que parece passível de solução, mas a organização social dos Estados e da humanidade. A Antropologia e a história das configurações socioculturais podem ser úteis, na minha opinião, em nossa tentativa de estabelecer uma sociedade que tenha, ao mesmo tempo, estabilidade e suficiente amplidão para a atividade de seus cidadãos. Aparentemente, a ideia mestra do livro de Ribeiro é uma História *magistra vitae;* e é na futura sociedade "termonuclear" – que poderá unificar nosso mundo – e na maneira de evitar seus perigos, que ele está, em última análise, interessado.

Muitas classificações de sistemas de configurações socioculturais foram elaboradas desde Marx, mas o livro de Ribeiro é especialmente interessante por originar-se de uma parte do mundo distinta das precedentes. O espírito revolucionário romântico latino-americano é que torna possível a necessária simplificação para tal esquema. Os esquemas da evolução humana diferem sempre das leis clássicas da ciência natural, devido a que o sistema sociocultural de qualquer comunidade específica só pode ser derivado de leis em termos muito gerais. Apesar disso, o esquema de Ribeiro é interessante e muitas de suas ideias são realmente inspiradoras, mesmo para especialistas mais restritos. O autor se desculpa, no prefácio, por possíveis lacunas em sua admiravelmente extensa bibliografia. Embora não seja responsável por algumas lacunas com respeito a publicações da Europa Oriental, ele poderia talvez ter incluído mais obras históricas, por exemplo, Jones: a aguda fronteira existente entre a Antropologia e a história parece representar um obstáculo para estudos futuros.

A sociedade agrícola primitiva é dividida essencialmente de acordo com o esquema de Childe, paralelamente às linhas da *Grundrisse* de Marx e não de acordo com o sistema familiar introduzido por Marx e Engels. Este último, que representa uma questão bastante intrincada, tem razão de ter sido posto de lado; ele também foi praticamente abandonado por alguns esquemas desenvolvidos na União Soviética e Europa Oriental (e.g. Tolstov 1946; Neustupny 1961). Nesses trabalhos, contudo, e também no de Hensel e Holubowicz 1951, este estágio é mais detalhadamente dividido – horticultura, agricultura com arado, uso de metal – ou suplementado com diferentes tipos de artesanato. É dividido ainda de acordo com o tamanho do grupo socialmente organizado (da simples aldeia aos grupos tribais territoriais dirigidos por chefias bárbaras); e de acordo com os passos em direção à urbanização, ao desenvolvimento de uma aristocracia tribal e assim por diante.

A irrigação coincide praticamente com a revolução urbana e com os primeiros estágios (Egito, Mesopotâmia) até certo ponto; pelo menos há muito pouco tempo-espaço entre ambos. As chefias pastoris nômades são essencialmente pré-urbanas, só tendo cidades quando conquistam países urbanizados. A "Revolução Metalúrgica" não é um termo feliz: Grécia e Roma surgiram somente alguns séculos depois da invenção da metalurgia do ferro, mas o cobre precede a Revolução de Irrigação e o bronze vem logo depois dela; ambos foram usados por muitas sociedades primitivas. O uso dos instrumentos de ferro e de armas foi associado frequentemente (por exemplo na maior parte da Europa) com Chefias Pastoris Nômades (e.g. os Hunos). A Assíria e mesmo a Pérsia foram, do meu ponto de vista, muito diferentes de Grécia e Roma e mais parecidas a Impérios Teocráticos. Os Estados Rurais Artesanais não são muito claramente definidos. Mohendjo-Daro é chamado coletivista e a civilização Minoica, civilização privatista, mas me parece que não há suficiente informação sobre este problema. Além disso, a maioria desses povos, como os Sumérios, associava a propriedade do estado, que era a básica (do rei, do deus e assim por diante), com um tipo de propriedade privada. Embora Impérios Despóticos Salvacionistas seja um bom termo, a Revolução Pastoril não me parece uma mudança tecnológica importante. A opinião de Ribeiro de que todas as sociedades futuras serão parecidas contradiz com o fortalecimento presente das tradições locais, especialmente a organização sociocultural.

Como um todo, o livro é certamente inspirador, facilmente legível e cheio de espírito. Ele merece a ampla publicidade que lhe é dada por *Current Anthropology*.

O mais interessante, do meu ponto de vista, no artigo acima, foi o tratamento do problema de culturas e populações mestiçadas. Embora a ênfase aqui seja especificamente americana, a discussão tem muito a oferecer para antropólogos de outras partes do mundo e mesmo para pré-historiadores. Na verdade, a maior parte das sociedades, presentes e passadas, foram compostas por diferentes elementos, só parcialmente amalgamados. A história europeia nacionalista tendeu a esquecer esta velha verdade.

2. Réplica aos comentários

Estou muito agradecido aos colegas que se deram ao trabalho de redigir comentários atentos aos meus dois estudos. Sensibilizou-me particularmente a atitude simpática com que todos encararam meus esforços, especialmente Charles Leslie e Eduardo Galvão. Devo dizer, entretanto, que, em conjunto, as apreciações ao livro e, sobretudo, ao artigo, foram menos detalhadas e menos severas do que eu esperava, dado o caráter polêmico de ambos. Não mereceu qualquer observação, por exemplo, minha tentativa de redefinir o conceito clássico de feudalismo, reduzindo-o de uma etapa da evolução humana a uma instância geral de regressão histórica a que estiveram sujeitas, até agora, todas as civilizações. Apenas foi referida, mas não criticada, minha classificação dos impérios despótico-salvacionistas e mercantil-salvacionistas como formações socioculturais ou etapas da evolução. Tampouco foram discutidos os conceitos de aceleração evolutiva e de incorporação histórica que propus tão ambiciosamente; bem assim, a distinção entre subdesenvolvimento e atraso histórico. Isto significaria que a "opinião profissional" dos antropólogos acolhe minhas teses? Gostaria de crê-lo. Duvido, porém, que assim seja, mesmo porque tenho, nos outros temas comentados, suficientes contestações.

Sinto-me à vontade para exprimir estas reservas porque espero, com isso, incitar outros colegas a novas críticas e porque encaro o debate em CA como a oportunidade que desejava de colocar em discussão estudos que foram elaborados como tentativas pioneiras, sabidamente questionáveis, de focalizar temas cruciais para a compreensão das causas do desenvolvimento desigual das sociedades modernas, da natureza do subdesenvolvimento e dos caminhos de ruptura com a dependência e o atraso.

Um dos comentaristas, A. H. Whiteford, duvida desta afirmação. Declara que não considera a reelaboração de uma teoria da evolução um pré-requisito indispensável para se compreender a formação dos povos americanos. Provavelmente assim será para um norte-americano. Pertencendo a uma sociedade europeia transplantada para o além-mar, ele pode ver, na história da Europa, sua própria pré-história e utilizar conceitos histórico-

-descritivos como o *feudalismo* tendo em vista a Idade Média; ou o de *escravismo*, pensando em Roma; mas utilizando-os como se correspondessem a etapas evolutivas. Um árabe, um indiano ou um chinês, por exemplo, provavelmente não o percebem assim. E menos ainda um latino-americano que se vê obrigado a perguntar se aquela instância histórica crucial em que os povos ibéricos se aglutinaram para a façanha de criar o primeiro sistema mundial de intercâmbio econômico pode ser caracterizada como feudal; se já seria, então, capitalista, ou em caso contrário, a que corresponderia.

Passamos a responder, em seguida, às diversas objeções, reunindo-as por tópicos. Começamos pelas contestações globais que buscam invalidar todo o esquema proposto.

K.O.L. Burridge pergunta se as formações socioculturais a que nos referimos são identificáveis como culturas totais e se constituem as unidades apropriadas para o estudo da evolução. Utilizo a expressão no sentido em que Marx fala de formações econômico-sociais para designar os modos gerais de configuração da vida social em cada etapa evolutiva. Este é o caso da formação Capitalista Mercantil que a Inglaterra do século XVII exemplifica historicamente como uma de suas modalidades de cristalização. Burridge refere-se, a seguir, a tentativas anteriores de estabelecer unidades operativas correspondentes a etapas da evolução para concluir que todas resultaram em fracasso. Assinala, adiante, que uma coisa é identificar estágios evolutivos e outra, muito distinta, é explicar o trânsito entre elas. Assevera, então, que a incapacidade dos evolucionistas para levar a cabo esta tarefa é que impacientou os antropólogos. Conclui, por fim, que o esquema apresentado não é mais do que uma explanação mítica de como plausivelmente podem ter ocorrido as coisas. Depois de todos estes juízos dogmáticos, Burridge nos concede, afinal, um esclarecimento sobre seus próprios conceitos na matéria. Lamentavelmente, estes resultam contraditórios. Por um lado, ele se contenta em recolher-se à velha postura dos que, desde Boas, pedem que se postergue qualquer elaboração teórica mais ambiciosa até que se conte com melhor conhecimento sobre a realidade sociocultural e as dezenas de variáveis independentes que operam sobre ela, como conjuntos de relações específicas. E, por outro lado, propõe nada menos do que um retorno aos esquemas clássicos de Marx e Engels que proveem, a seu juízo, o único modelo que permite ver, experimentar e testar, ao menos em parte, o processo evolutivo. Burridge não explicita, porém, a que esquema de Marx ele se refere. A pergunta tem cabimento, uma vez que Marx e Engels apresentaram em suas obras não uma apenas, mas diversas sequências evolutivas; uma delas – devida a Marx e só divulgada em anos recentes (Grundrisse 1953:375/413) – corresponde melhor tanto ao nosso esquema quanto aos estudos modernos de arqueologia e às tentativas de classificação de sequências devidas a Gordon Childe (1951) e a Julian H. Steward (1955). Burridge estabelece também dois pontos específicos de oposição entre o nosso esquema e o de Marx. Primeiro, quando registra que Marx foi claro com respeito aos tipos de conflito que são cruciais para a mudança sociocultural; ao contrário do autor que teria sido elusivo. Referir-se-á Burridge à luta de classes ou ao papel dos antagonismos entre forças produtivas e relações de produção? Em qualquer caso, a crítica seria inconsistente, porque não subestimo o papel destes motores da mudança sociocultural. Apenas demonstro a impossibilidade de se compor uma sequência evolutiva com base nas formas de conscrição da força de trabalho porque estas, embora decisivamente importantes, não têm valor diagnóstico, uma vez que as mesmas formas de relações de trabalho se reiteram em distintas etapas porque são conciliáveis com diferentes contextos. Este é o caso da escravidão pessoal que encontramos tanto na formação Mercantil Escravista (Grécia e Roma, por exemplo) como nas Colônias Escravistas do Império Mercantil Salvacionista Ibérico (América Latina) e nas dos Impérios Capitalistas Mercantis (Sul dos Estados Unidos da América do Norte). Em lugar de lavrar neste campo batido e infecundo, o que nos propusemos foi verificar se se podia correlacionar conjuntos de inovações tecnológicas com distintos modos de vida social e com diferentes arcabouços ideológicos, correspondentes, em seu conjunto, a etapas do desenvolvimento humano. Cremos haver demonstrado ser isso possível, mediante dois procedimentos. Primeiro o de desjuntar os componentes do "modo de produção" de Marx para, com um deles – *meio de produção* (tecnologia) – compor uma escala sequencial do progresso humano. Segundo, o de restaurar a unidade rompida anteriormente, utilizando o conceito de formação econômico-social que já se refere a totalidades estruturais. Através desses conceitos, busco descrever a dinâmica mediante a qual as revoluções tecnológicas geram processos civilizatórios que se cristalizam em formações socioculturais. Ou em outras palavras: que ao desencadeamento de conjuntos de inovações prodigiosas na tecnologia produtiva e militar correspondem processos civilizatórios que ativam os povos por eles afetados diretamente (aceleração evolutiva) ou reflexamente (incorporação histórica) conduzindo-os à transição de uma a outra etapa evolutiva, seja como núcleos metropolitanos ou cêntricos, seja como áreas dependentes ou "proletariados externos".[3]

Devo, nesta altura, recordar a Burridge que o próprio Marx, numa nota ao primeiro volume de *O capital*, reclamava por uma *história crítica da tecnologia* como sendo mais necessária ainda que a história da evolução natural de que se ocupara Darwin.

"Além disso, esta história seria mais fácil de elaborar, pois, como diz Vico, a história humana se distingue da história natural no sentido de que uma é feita pelo homem e a outra não. A tecnologia nos mostra a atitude do homem diante da natureza, o processo direto de provimento da subsistência e, consequentemente, as condições de sua vida social e as ideias e representações espirituais que delas derivam. Este último método é o único que se pode considerar como o método materialista e, portanto, científico". (Marx 1966 vol. 1:303.)

O outro ponto de oposição que provoca certa perplexidade em Burridge se refere ao uso que damos ao conceito de *surplus* (excedente). Suas dúvidas talvez se esclareçam se acrescentarmos que a expressão poderia ser substituída, na maioria dos casos, por *surplus production* e algumas vezes por *mehrwert*. Burridge manifesta também seu descontentamento com nossa taxonomia que ele considera "impressionista e subjetiva". Aparentemente o que lhe desagrada é não havermos feito nenhum esforço por dar à nomenclatura uma feição epistemológica sistemática. Trata-se de um procedimento proposital e se baseia em nossa convicção de que é melhor empregar designações descritivas que tenham significação para quem está familiarizado com a história e a etnologia, do que conceitos abstratos com

---

3 O *gráfico I*, reproduzido do livro, dá uma ideia clara do nosso esforço por correlacionar revoluções tecnológicas com processos civilizatórios e com as respectivas formações socioculturais.

GRÁFICO I

ETAPAS DA EVOLUÇÃO SOCIOCULTURAL

Revoluções tecnológicas, respectivos processos civilizatórios e formações socioculturais correspondentes

POVOS TRIBAIS	ETNIAS NACIONAIS		CIVILIZAÇÕES REGIONAIS			CIVILIZAÇÕES MUNDIAIS		
Aldeias agrícolas indiferenciadas	*Estados rurais artesanais*	*Impérios teocráticos de regadio*	*Impérios mercantis escravistas*	*Impérios despóticos salvacionistas*	*Impérios mercantis salvacionistas*	*Imperialismo industrial*		*Socialismo revolucionário*
MARAJOARA (1000)	HALAT (-4000 a -3000)	ACÁDIA (-2350)	ASSÍRIA (-1200)	SASSÂNIDA (-226)	ESPANHA (1500)	INGLATERRA (1850)		URSS (1917)
JARMO (-5000)	MÊNFIS, TEBAS (-4000 a -2500)	BABILÔNIA (-1800)	AQUEMÊNIDA (-600)	ISLÂMICA (651)	PORTUGAL (1500)	FRANÇA (1880)		EUROPA ORIENTAL (1945)
FAYUM (-4500)	MOHENJO-DARO e HARAPA (-2800)	EGÍPCIA I (-2070)	HELÊNICA (-450)	OTOMANA (1460)	RÚSSIA (1500)	EUA (1890)		CHINA (1949)
TUPINAMBÁ (1500)	HSIA, YANG-SHAO (-2000)	EGÍPCIA II (-1750)	CARTAGINESA (-200)	TIMÚRIDA (1530)		JAPÃO (1910)		N. COREIA (1948)
KWAKIUTL	TIRO, SIDON, BIBLOS (-2000 a -1000)	SÍNICA (-1122)	ROMANA (-27)					N. VIETNÃ (1954)
ZUÑI	MICENAS (-1400)	MAURYA (-327)			*Capitalismo mercantil*	*Colonialismo de povoamento*		CUBA (1959)
IFUGAO	MINÓICA (-1700)	CHIN e HAN (-220)		*Chefias pastoris nômades*				
DOBU	URARTU (-1000)	TANG (618)	HIKSOS (-1750)		HOLANDA (1600)	AMÉRICA DO NORTE (1650)		*Socialismo evolutivo*
TIKOPIA	MAARIB (-700)	MING (1368)	HITITAS (-1600)	ÁRABES (600)	INGLATERRA (1650)	CANADÁ (1800)		SUÉCIA (1950)
MAORI	KHMER (-500)	GUPTA (320)	KASSITAS (-1600)	VÂNDALOS (400)	FRANÇA (1700)	AUSTRÁLIA (1850)		DINAMARCA (1950)
MANDINGA	PALESTINA (-1000)	MAYA (-300)	ARIOS (-1300)	VISIGODOS (400)				INGLATERRA (1965)
ASHANTI	ATENAS (-600)	CAMBOJA (600)	AQUEUS (-1200)	HÚNGAROS (600)	*Colonialismo escravista*	*Neocolonialismo*		
	ROMA (-350)	CHIMU (1000)	CITAS (-500)	TURCOS (600)				*Nacionalismo modernizador*
HORDAS PASTORIS NÔMADES	KUSHAN (-500)	ASTECA (1200)	HUNOS (-400)	MONGÓIS (1200)	AMÉR. ESPANHOLA (1500)	BRASIL (1808)		MÉXICO (1940)
	UXMAL (-1000)	INCA (1300)	SAKAS (-120)	MANDCHUS (1500)	BRASIL (1550)	VENEZUELA (1819)		EGITO (1953)
MBAYA	GALINAZO (-700)				ANTILHAS BRIT. (1650)	ÍNDIA (1945)		ARGÉLIA (1962)
COMANCHE	MOCHICA (-200)							
CHUKCHI	CHIBCHA (1000)				*Colonialismo mercantil*			
NUER	RÚSSIA (1000)							
SAKALAVE	GHANA (800)				INDONÉSIA (1600-1945)			
	MALLI (1200)				ÍNDIA (1876-1945)			
					ANGOLA (desde 1648)			

- SOCIEDADES FUTURAS
- SOCIALISMO REVOLUCIONÁRIO
- SOCIALISMO EVOLUTIVO
- NACIONALISMO MODERNIZADOR
- IMPERIALISMO INDUSTRIAL
- NEO-COLONIALISMO
- CAPITALISMO MERCANTIL
- IMPÉRIOS MERCANTIS SALVACIONISTAS
- COLONIALISMO
- IMPÉRIOS DESPÓTICOS SALVACIONISTAS
- IMPÉRIOS MERCANTIS ESCRAVISTAS
- Escravista
- Mercantil

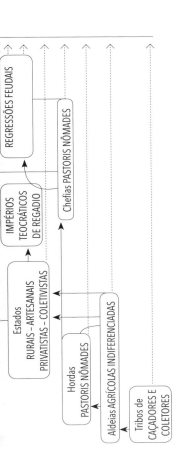

Nota: A relação de sociedades é meramente exemplificativa de paradigmas de cada formação. As datas anteriores à nossa era são indicadas com um sinal negativo. As linhas retas indicam acelerações evolutivas; as linhas tracejadas indicam atualizações históricas.

aparência de rigor lógico formal. A incongruência que ele observa no emprego de termos como "privatistas" e "nômades" não tem razão de ser. Um deles descreve a oposição privatista *versus* a coletivista; o outro, o contraste nômade *versus* sedentário.

Cynthia Nelson apresenta algumas contestações globais embora menos radicais que as de Burridge. Assinala também que elaborar tipologias não é explicar o processo de mudança, tanto mais porque os *tipos* que proponho (formações socioculturais) seriam antes conglomerados de traços característicos do que sistemas dinâmicos inter-relacionados. A estas objeções só posso contestar repetindo que os processos civilizatórios são categorias dinâmicas referentes às vicissitudes do trânsito de uma a outra etapa evolutiva. Ademais, para dar àquele conceito um caráter ainda mais dinâmico, propusemos as noções de aceleração evolutiva e incorporação histórica que descrevem as duas modalidades de ação dos processos civilizatórios. Ambas as noções são decisivamente importantes para a compreensão da multiplicidade de vias de trânsito de uma a outra formação, assim como para definir o caráter autoperpetuante das situações de subdesenvolvimento geradas pelos movimentos de incorporação histórica. Finalmente, ao caracterizar as etapas evolutivas como formações socioculturais, o que buscamos foi apresentá-las como complexos interativos compostos por um sistema adaptativo fundado numa tecnologia específica, o qual se combina – e também conflita, em cada caso concreto – com modos variáveis de ordenação social e com distintos complexos ideológicos.

Nossa colega reclama também uma distinção mais taxativa entre revolução tecnológica e processo civilizatório que creio ser desnecessária uma vez que o tema é copiosamente discutido no livro. Outra objeção sua diz respeito ao que julga ser uma supervalorização das inovações tecnológicas como motor da evolução cultural, em prejuízo de outros fatores de mudança como os ideológicos. Minha afirmação neste campo é de que a tecnologia nos oferece a única sequência consistente de transformações de caráter acumulativo e direcional. Só ela pode, por isto, servir de base para fixar a progressão evolutiva. Esta sequência se revela claramente aos arqueólogos e aos historiadores nas análises de alto alcance histórico. Nas análises de alcance médio, sem embargo, encontramos situações múltiplas em que, dentro de totalidades históricas concretas, a ação do fator tecnológico está condicionada por constrições de caráter social e ativada ou retardada por certos fatores ideológicos. Como a evolução de qualquer sociedade específica se dá sempre em certo momento de sua história, seu modo de transição de uma a outra etapa evolutiva é profundamente afetado por fatores extratecnológicos como os sociais e os ideológicos. Esta é a razão pela qual ouso designar algumas formações socioculturais utilizando conceitos referentes a estas duas esferas para referir elementos que representaram um papel crucial em certos processos civilizatórios. É o caso de designações como *indiferenciadas* (não estratificadas), *escravista* ou *mercantil*; ou noções como *teocrático*, *salvacionista* e *despótico*. Conforme se vê, buscamos uma compreensão dialética dos fenômenos que, por sua própria natureza, são dialéticos (contraditórios). Mas apesar de suas variações não nos impedem de definir uma linha de uniformidades assentada na tecnologia para, a partir dela, identificar os modelos sequenciais de organização da vida humana e de interpretação do mundo.

Ao contrário de Cynthia Nelson, nosso colega F. Hicks crê que supervalorizamos os fatores ideológicos, nominalmente a religião e, em especial, o salvacionismo. Ele começa por indagar se o elemento teocrático não é mais generalizado do que fazemos supor ao falarmos de uma formação teocrática de regadio. É. Esse mesmo elemento comparece em sociedades anteriores àquela formação e posteriores a ela. Pergunta depois se as formações salvacionistas serão mais "salvacionistas" que outras. Acabamos de mostrar porque utilizamos como traço diagnóstico de certas formações atributos ideológicos que nelas representaram papel crucial. Isto não implica em afirmar que os mesmos estejam ausentes em outras formações; ou que, isolados dos outros elementos das constelações em que operam naquelas formações pudessem, por si sós, caracterizar a vida das sociedades que os detêm; e, menos ainda, situá-las nas sequências evolutivas apenas por estes atributos.

O interesse particular de F. Hicks parece residir no juízo de que supervalorizamos o papel das ideologias inspiradoras presentes em todas as sociedades como mecanismos de intensificação da solidariedade e de preservação das estruturas de poder. Não contestamos que as ideologias religiosas e outras desempenhem esta função. Muito ao contrário: acreditamos que, por desempenhar tais funções, podem representar um papel decisivo em certas instâncias históricas, quando combinadas com revoluções tecnológicas. Tal foi o que ocorreu com os árabes, por exemplo, quando, além de ativados pela revolução pastoril (do mesmo modo que inúmeras outras chefaturas pastoris nômades), foram também mobilizados por uma ideologia religiosa de conquista que lhes permitiu promover uma enorme expansão sobre os contextos vizinhos imersos na feudalização e, mais tarde, reordená-los na forma de Impérios Despóticos Salvacionistas. O mesmo processo se repete, mais tarde, com os povos ibéricos, talvez algo mais avançados no domínio da tecnologia da revolução mercantil que outros povos contemporâneos, mas, de fato, mobilizados por uma motivação religiosa e nacional para o movimento acelerativo que lhes permitiu estruturar-se como Impérios Mercantis Salvacionistas.

Vejamos, finalmente, as objeções específicas que foram apresentadas à sequência de etapas evolutivas que oferecemos à discussão. F. Hicks reclama a falta de informações concernentes às sociedades pré-agrícolas. Cobrindo um período cem vezes maior do que o tempo de existência das sociedades agrícolas, aquela etapa da evolução humana está sendo objeto de pesquisas cada vez mais acuradas. Talvez elas permitam distinguir diferentes revoluções tecnológicas e os correspondentes processos civilizatórios e formações socioculturais. No presente estágio de nossos conhecimentos, apenas se pode distinguir uma longa Revolução Humana responsável pelas progressivas conquistas culturais e transformações somáticas simultâneas que criaram as bases para o surgimento do homem e para a sua estruturação em tribos de caçadores e recoletores. Partimos delas em nosso estudo, mesmo porque a análise do imenso período anterior é tarefa para antropólogos familiarizados com a paleontologia humana e a arqueologia e não para estudiosos de etnologia e de antropologia das civilizações como é o nosso caso. Admitimos, por isto, que tanto para o paleolítico superior como para o estágio correspondente às chefaturas tribais (como as assinaladas para a América do Sul por J. H. Steward e L. C. Faron 1959) se possa vir a definir, amanhã, revoluções tecnológicas e formações socioculturais tão remarcadas quanto as que discriminamos para os dez mil anos posteriores.

Mas duvidamos que isto ocorra. Acreditamos que uma das características mais marcantes da evolução cultural é o seu passo acelerado, e com base nisso apenas se deveria esperar um longo período inicial sem qualquer mudança significativa. Além disto, não existem indicações arqueológicas, que se saiba, de que alguma inovação comparável às revoluções a que nos referimos tivesse tido lugar durante o Paleolítico.

Jan Bouzek registra uma série de reparos com respeito a nosso esquema evolutivo e à tipologia de etapas, sem contestá-los globalmente e até tendendo a confirmá-los. Examinemos, uma por uma, suas objeções. Também a seu juízo, as sociedades agrícolas merecem um tratamento mais detalhado que permitia distinguir subetapas, tal como fizeram alguns autores que ele cita. Seria o caso de diferenciar uma formação de aldeias de horticultores correspondentes, ao que parece, às nossas Aldeias Agrícolas Indiferenciadas; de chefaturas bárbaras com domínio predominantemente territorial e já capacitadas a utilizar o arado; e também de aristocracias tribais incipientemente estratificadas com economias baseadas na utilização de instrumentos de metal ou de outros implementos. Reconheço as diferenças de estágios a que Bouzek é sensível. Entretanto, a elevação dos mesmos à categoria de formações ou etapas da evolução humana implicaria diversos problemas; entre outros, o da ausência de arados e de instrumentos agrícolas de metal em certas áreas que, contudo, ascenderam ao nível de Estados Rurais Artesanais e de Império Teocráticos de Regadio.

Um problema similar se encontra nas dúvidas que suscita a Bouzek o conceito de *Estados Rurais Artesanais* que efetivamente envolve muitos tipos diferenciados de sociedades e cobre amplos períodos de tempo. Acredito que no futuro se possa desdobrá-los em mais de uma formação sociocultural, correlacionando-as com seus respectivos processos civilizatórios e revoluções tecnológicas. Não consegui fazê-lo congruentemente com os dados de que dispunha. Com relação à crítica paralela de F. Hicks devo dizer que, ao formular o conceito de Estado Rural Artesanal, também tentei, sem sucesso, tratar as categorias "Coletivistas" e "Privatistas" como sequenciais em lugar de alternativas. Não o consegui, porém, tal como sucedeu com aqueles que tentaram tratar as formas incipientes do chamado "modo de produção asiático" de Marx como as primeiras formas de transição às sociedades de classe. É o caso dos estudos de M. Godelier (1964) e de J. Chesneaux (1964), tendentes a tratar como sequenciais as estruturas "coletivistas" e as "privatistas".

Minhas exemplificações de Estados Rurais Artesanais das duas categorias são tão precárias quanto o impõem as próprias fontes documentais disponíveis. É o caso da classificação de Mohenjo-Daro como "Coletivista" e da Civilização Minoica, como "Privatista"; e ainda da caracterização da Assíria e da Pérsia como formações mercantis escravistas precoces, incipientemente configuradas. Nos casos da Civilização Minoica, da Assíria e da Pérsia, interpretamos informações concernentes à presença simultânea de instituições coletivistas e privatistas como indício de uma diferenciação no sentido de uma formação de perfil privatista, como as que, mais tarde, se desenvolveriam na mesma área.

Outra ressalva de Bouzek se baseia na observação de que as técnicas de irrigação são contemporâneas da Revolução Urbana. Na verdade, formas incipientes de regadio se registram nessa etapa conforme assinalo no livro. Sem embargo, só muito mais tarde surge uma alta tecnologia hidráulica que, manejada em combinação com uma série de outros elementos culturais, deu lugar à cristalização dos seis primeiros grandes focos de civilização, o que nos obriga a tratar estas constelações de inovações, como a revolução tecnológica que gerou os Impérios Teocráticos de Regadio. A Revolução Metalúrgica que consignamos não parece convincente a Bouzek, seja porque a designação não lhe agrada, seja porque, conforme declara, Grécia e Roma surgem poucos séculos depois da difusão das técnicas de produção de ferro forjado; ou ainda porque, outras metalurgias, como a do cobre e a do bronze, as antecedem. Com efeito, hesitamos muito em utilizar aquela designação, julgando, inicialmente, que melhor seria falar de uma Revolução do Ferro. Decidimos, finalmente, pela designação utilizada porque somente com a produção maciça de ferro forjado os instrumentos metálicos se generalizaram efetivamente, tanto os de ferro quanto os de cobre e os de bronze.

As Chefaturas Pastoris Nômades são para Bouzek configurações caracteristicamente pré-urbanas, opinião com que partilhamos porque de fato não desenvolveram cidades próprias. Entretanto, apenas concordamos com ele até o limite em que estas mesmas formações (surgidas todas com a Revolução Metalúrgica), uma vez constituídas, atuaram como poderosos ativadores históricos pela agressividade que desenvolveram e que as lançou sobre áreas urbanizadas dos Impérios Teocráticos de Regadio e dos Impérios Mercantis Escravistas. Mais tarde, com a Revolução Pastoril – que constituiu essencialmente em novas aplicações da metalurgia às técnicas de utilização guerreira e produtiva da energia muscular dos cavalos e animais de tiro – algumas daquelas Chefaturas transcenderam do papel de demolidoras de civilizações já tendentes à feudalização, para a tarefa maior de reaglutinar áreas feudalizadas, estruturando-as como novas formações socioculturais: os Impérios Despóticos Salvacionistas. É de assinalar que Bouzek, não obstante duvidar da relevância das inovações tecnológicas que caracterizamos como Revolução Pastoril, concorda com o conceito de Impérios Despóticos Salvacionistas como designação da formação sociocultural a que aquela revolução tecnológica deu lugar.

Alguns comentadores apresentam os esquemas de outros autores como alternativas ao nosso. Já vimos que as preferências de Burridge são para os esquemas de Marx e Engels. Efetivamente, ambos propuseram esquemas globais para descrever e explicar a evolução sociocultural humana. Cabe acrescentar apenas que Bouzek – que está a par das discussões recentes sobre os esquemas atribuídos a Marx e a Engels – aproximou, com toda a razão, o nosso esquema ao desenvolvido por Marx nos *Grundrisse* (1953), ao mesmo tempo em que assinala nossas discrepâncias com os esquemas de divulgação devidos ou atribuídos a Marx e Engels. O quadro I permite uma comparação do esquema de sequências evolutivas que proponho com outros esquemas clássicos e modernos.

As outras alternativas apresentadas referem-se a estudos parciais, como o livro de W. J. Ong (1967) citado por Cynthia Nelson e o de G. Lensky (1966) referido por F. Hicks. No primeiro caso, trata-se de uma tentativa bem-sucedida de correlacionar a evolução das sociedades humanas com o desenvolvimento progressivo dos meios de comunicação de massa. Acredito, porém, que o próprio Ong não supõe que tamanhos efeitos poderiam ser provocados somente pelas inovações nos meios de comunicação e saiba muito bem que linhas paralelas de desenvolvimento tecnológico podem ser estabelecidas, como por exemplo, a do desenvolvimento da metalurgia e a do domínio de fontes cada vez mais portentosas de produção e de uso de energia. A nossa comentarista reconhece, aliás, que o desenvolvimento dos meios de comunicação é congruente com nossa seriação das revoluções tecnológicas, o que torna esses elementos outros tantos traços diagnósticos das referidas revoluções, tal como foi indicado em nosso livro.

No segundo caso, concernente à obra de Lensky, nada posso dizer porque não me foi possível consultá-la em razão da ocupação, pelas Forças Armadas, da Universidade Central da Venezuela, onde trabalho presentemente, inclusive da Biblioteca Central.

Devo ainda algumas explicações a nosso colega A. H. Whiteford que, a par de uma grande simpatia para com nosso trabalho, vê nele uma série de contradições. Tal como ocorre na referência anterior a este colega, as contradições por ele assinaladas seriam talvez mais adequadamente explicáveis como uma dualidade de perspectivas de dois antropólogos colocados em posições distintas no mundo moderno e cada qual marcando na sua consciência por esta circunstância. Com efeito, sou visto como otimista por Whiteford – tão otimista ele próprio que confia no desenvolvimento pacífico fundado na programação renovadora; que acredita nas virtudes autocorretivas do capitalismo; que vê nos protestos contra o sistema que se verificam nos Estados Unidos um caminho de autossuperação de seus traumas; e que concebe a revolução social como um mal evitável. A seu juízo, eu seria um incorrigível otimista porque antecipo, como alternativa provável, a utopia de um governo mundial promotor do progresso para todos os povos e garantidor da liberdade de autoexpressão de toda a gente. Mas, a seu juízo, eu seria, na verdade, muito pessimista e talvez até algo sinistro, porque confiaria mais na revolução violenta do que na progressão evolutiva para a concretização daquela utopia.

Com base nesta tergiversação, Whiteford procura mostrar que sou levado a uma confusão de fins e meios. Tal ocorreria quando trato como "mecanismos repressivos" (na verdade, como procedimentos destinados a reduzir as tensões conducentes ao socialismo), as políticas de encorajamento da migração maciça por parte das sociedades europeias; de institucionalização da luta de classes, através do sindicalismo; e de aminoramento das difíceis condições de vida e de trabalho dos assalariados, através de legislações sociais protecionistas. A mesma confusão ocorreria ainda quando, do seu ponto de vista, eu manifestaria preferência por sociedades propensas a polarizar suas populações em torno de místicas para, desse modo, levá-las à ativação, em lugar de sociedades que buscam assegurar às suas populações o gozo da paz de espírito e de uma dieta adequada. A surpresa que me provoca a ideia que Whiteford faz de mim, me faz também perceber o quanto terá sido perturbadora para ele minha afirmação de que as sociedades desenvolvidas falham em infundir à sua população e, particularmente, à sua juventude, um sentido de missão. Conforme disse, são nossas respectivas posições que explicam estas visões contrastantes.

Concordo com Whiteford em que, para os Estados Unidos da América do Norte, não tem sentido uma postura socialista-revolucionária, dado o êxito de sua industrialização autônoma e a prosperidade que esse país alcançou. Pondero, todavia, que para os povos do contexto neocolonial que contribuem com sua pobreza para aquela prosperidade; que têm no reacionarismo de suas próprias classes dominantes e na política de potência dos EUA os opositores principais à sua emancipação, essa postura tem sentido. Tanto mais quando é a única que lhes oferece perspectiva de experimentar, um dia, um movimento de aceleração evolutiva que os integre na civilização do seu tempo. Concordo também com Whiteford em que os protestos que se verificam nos EUA, sobretudo os das camadas marginalizadas e os dos estudantes e intelectuais subversivos, têm grande importância na transformação do sistema vigente. Não porque busquem alguma conciliação reformista, mas justamente porque não admitem conciliação alguma e porque somente se aquietarão por força de uma repressão tal que transfigure a própria sociedade repressora, conduzindo-a ou a algumas daquelas formas de regressão histórica descritas no livro; ou então, com a vitória dos insurgentes, que conduziria à mobilização de toda a sociedade norte-americana para a grande tarefa de transformar-se a si mesma, configurando-se como uma nova civilização, na forma de um socialismo evolutivo. Neste sentido, considero os combatentes das lutas raciais nos EUA e os das lutas pela emancipação e pelo socialismo que se travam pelo mundo afora, uma mes-

QUADRO I

CORRESPONDÊNCIA APROXIMADA DAS ETAPAS EVOLUTIVAS EM DIVERSOS ESQUEMAS CONCEITUADOS

K. MARX (1857)	L. H. MORGAN (1877)	F. ENGELS (1884)	V. GORDON CHILDE (1937)	JULIAN STEWARD (1955)	D. RIBEIRO
COMUNISMO	ESCRITA (CIVILIZAÇÃO)	COMUNISMO			SOCIEDADES FUTURAS
SOCIALISMO		SOCIALISMO			SOCIALISMO REVOLUCIONÁRIO / SOCIALISMO EVOLUTIVO
CAPITALISMO INDUSTRIAL		CAPITALISMO INDUSTRIAL		(Impérios econômico-políticos dos séculos XIX e XX)	IMPERIALISMO INDUSTRIAL / NACIONALISMO MODERNIZADOR
CAPITALISMO MERCANTIL	FERRO	CAPITALISMO MERCANTIL		(Expansão centro e norte-europeia)	CAPITALISMO MERCANTIL / COLONIALISMO MERCANTIL / COLONIALISMO DE POVOAMENTO — NEOCOLONIALISMO
				(Conquistas espanholas)	IMPÉRIOS MERCANTIS ESCRAVISTAS / COLONIALISMO ESCRAVISTA
FEUDALISMO		FEUDALISMO	FEUDALISMO	(FEUDALISMO)	IMPÉRIOS DESPÓTICOS / SALVACIONISTAS
FORMAÇÃO GERMÂNICA (BARBÁRIE)	LAVOURA DOMESTICAÇÃO	ESCRAVISMO	IDADE DO FERRO	(GRÉCIA E ROMA)	REGRESSÕES FEUDAIS / IMPÉRIOS TEOCRÁTICOS DE REGADIO
FORMAÇÃO ANTIGA CLÁSSICA				ESTADOS MILITARISTAS DE REGADIO	IMPÉRIOS MERCANTIS ESCRAVISTAS
	CERÂMICA		IDADE DO BRONZE	Estados teocr. de regadio / Estados teocráticos comerciais	(PRIVATISTAS) ESTADOS RURAIS / (COLETIVISTAS) ARTESANAIS
FORMAÇÃO ASIÁTICA		BARBÁRIE	ALTA BARBÁRIE DO BRONZE	FLORESCIMENTO REGIONAL	ALDEIAS AGRÍCOLAS INDIFERENCIADAS / CHEFIAS PASTORIS NÔMADES
COMUNIDADE GENTÍLICA	CAÇA / PESCA (SELVAGERIA)		BARBÁRIE NEOLÍTICA	FORMATIVO / AGRICULTURA INCIPIENTE	
COMUNIDADE PRIMITIVA		COMUNISMO PRIMITIVO	SELVAGERIA	CAÇA E COLETA	TRIBOS DE CAÇADORES E COLETORES / HORDAS PASTORIAS NÔMADES

ma força, oposta a uma força contrária: a primeira, tendente a construir o futuro; a outra, empenhada em perpetuar o existente. Com efeito, todos os povos do mundo integram, hoje, um mesmo sistema interativo de tal forma unificado que qualquer mudança de regime, mesmo nas áreas mais remotas e atrasadas, afeta e ativa não apenas a eles próprios, mas também às sociedades cêntricas. Isto é assim porque a existência de povos neocoloniais, atrelados a sistemas internacionais de exploração, é condição fundamental de existência para os centros reitores que tiram vantagem do sistema vigente tal como ele funciona. Dentro desta unidade interativa, a vitória das lutas irredentistas dentro dos contextos externos de exploração neocolonial teria como consequência transfigurar também os centros de poderio imperialista. Assim, tanto as lutas internas quanto as externas visam o mesmo objetivo: a edificação de um novo sistema de intercâmbio internacional em que não existam povos espoliadores e povos espoliados, nem "proletariados externos", nem minorias internas oprimidas.

A emergência de um sistema mundial deste tipo é por nós concebida como viável, enquanto um dos futuros que se tornarão possíveis com o amadurecimento da Revolução Termonuclear. A circunstância de tal sistema mundial representar uma possibilidade apenas e não um desdobramento natural e inexorável é que torna imperativas as lutas em curso. Elas se travam entre os que necessitam renovar o contexto nacional ou mundial como pré-requisito de ruptura com o subdesenvolvimento ou a opressão, e os representantes das minorias interessadas na manutenção do *status quo*. Daí estarem lutando contra o sistema global, tanto os proletariados externos quanto os marginalizados das sociedades ricas; daí estes últimos fazerem seus heróis, os heróis das lutas de emancipação das sociedades pobres. Por todas estas razões é que se opõem, em nossos dias, no mundo capitalista, duas ideologias: a que se professa como não ideológica, representada pelos que falam da "morte das ideologias"; e a ideologia irredentista das sociedades dependentes e dos oprimidos das sociedades prósperas. Quando falo do malogro das sociedades ricas em infundir um sentido de missão a seus povos, refiro-me à missão de resgatar o homem, no mundo inteiro, do atraso e da pobreza, e não de novos *jihad* místicos. Estou convencido de que esta missão se oferece, em nossos dias, como uma alternativa à guerra e à repressão. Isto porque, somente a tarefa de homogeneizar a civilização e a abundância é capaz de ocupar toda a indústria e toda a força de trabalho das nações desenvolvidas e dar significação e dignidade à existência das novas gerações. Com a automação e os efeitos que dela se espera – sobretudo o de libertar o homem da fadiga – se tornará mais imperativa a mobilização das sociedades ricas para aquela missão. Isto porque, com a perda do sistema de desgaste de energias no trabalho, se diluirá o único mecanismo efetivo de disciplinamento da vida social. Multidões inteiras assim liberadas estarão disponíveis, nas próximas gerações, para optar entre a grande tarefa de reordenação do mundo, ou, ao contrário, para serem mobilizadas para outras missões e motivadas mediante novos procedimentos. E quais seriam aquelas outras missões senão a repressão a cada revolução social que irrompa dentro das nações periféricas ou em qualquer lugar do mundo? E quais seriam aqueles procedimentos motivadores senão a brutalização da humanidade através dos meios de comunicação de massa, dos estupefacientes e outras formas de corrupção?

Respondendo à observação de Whiteford sobre as perspectivas de desenvolvimento acelerado que os regimes capitalistas e os socialistas abrem às nações subdesenvolvidas, devo admitir que meu texto é efetivamente ambíguo. O que desejo significar é que aos ritmos alcançados pelos países socialistas-revolucionários no crescimento anual do produto interno bruto *per capita* (6,4% para a URSS entre 1950 e 1960), o Brasil poderia, a partir de 1960, atingir o nível de renda *per capita* dos Estados Unidos de 1960, em 40 anos. Entretanto, se os norte-americanos continuassem até o ano 2000 progredindo ao mesmo ritmo que experimentaram entre 1950 e 1960 e mantendo a mesma taxa de incremento demográfico, para atingir seu nível de renda *per capita* do ano 2000 que seria de 4.300 dólares, o Brasil necessitaria de um ritmo de incremento do produto interno bruto *per capita* da ordem de 11,9% ao ano.

Aos ritmos correspondentes ao capitalismo-dependente que atingem, no máximo, 2,8% *per capita* ao ano, o Brasil necessitaria 132 anos unicamente para alcançar os EUA de 1960.[4] Estudos publicados posteriormente indicam, porém, que, como o ritmo de desenvolvimento dos EUA na presente década foi muito superior ao da década anterior, o atraso do Brasil aumentou. Tanto mais porque, em lugar de progredir ao ritmo de 2,8% (como ocorreu entre 1955 e 1960), o Brasil experimentou, no período 1960-1965, metade daquele ritmo de incremento, o que exigiria não os mencionados 132 anos, mas muitos séculos para alcançar os EUA de 1960.

Estas projeções são confirmadas pelos cálculos de E. Kahn e A. J. Wiener (1967, tabela VIII). Eles demonstram que o Brasil necessitaria de 130 anos para alcançar os EUA de 1965 se se desenvolvesse a um ritmo duas vezes superior ao atual e se experimentasse substancial redução do seu aumento demográfico. Como o ritmo real de desenvolvimento econômico é muito inferior e o incremento demográfico não tende a reduzir-se (apesar da campanha de *birth control*, subsidiada pelo governo norte-americano) a progressão dentro do sistema atual só oferece aos brasileiros a perspectiva de ver aumentado cada vez mais o abismo que os separa dos povos desenvolvidos.

Passemos agora aos comentários feitos ao artigo. Embora sua discussão conjunta com o livro reduzisse a atenção que ele poderia despertar, contamos com algumas observações que examinaremos a seguir. J. Bouzek assinala como uma novidade a análise da transformação e transfiguração étnica dos povos americanos pelo estudo da confluência de distintas matrizes culturais e do caldeamento de diversos complexos raciais. Lamenta que estudos desse gênero não tivessem sido realizados na Europa onde a perspectiva nacionalista da historiografia teria obscurecido estes processos de confluência. Com efeito, ao estudar as configurações histórico-culturais dos povos americanos, sobretudo a formação dos *Povos-Novos* e dos *Povos-Testemunho*, busquei em vão exemplos de estudos antropológicos globais sobre a formação das etnias românicas, eslavas e árabes. Entretanto, a meu ver, só à base de estudos monográficos destes amplos movimentos de confluência e fusão de povos e através da comparação posterior dos resultados

---

4 Os cálculos de renda anual *per capita* da URSS são de Kuznets (1964) e as projeções para o ano 2000, do autor.

alcançados poderemos reformular a metodologia das pesquisas de aculturação para redefini-las como o estudo do processo de formação e de transfiguração das etnias, tanto tribais quanto nacionais.

O problema da transfiguração étnica preocupa visivelmente Cynthia Nelson. Ela reclama a ausência, em meu artigo, de uma análise das estruturas de pensamento características das sociedades nacionais emergentes, na linha do trabalho de C. Geertz (1963). Com efeito, no artigo apenas me refiro às alterações de mentalidade correspondentes à transição de uma a outra etapa evolutiva. Contudo, no livro *As Américas e a civilização – progresso de formação e causas do desenvolvimento desigual dos povos americanos*,[5] do qual o presente artigo é um resumo, analiso detidamente este problema em termos do desafio que representa no plano ideológico a transição de uma cultura espúria a uma cultura autêntica e o passo de uma consciência ingênua (resignada e passiva) a uma consciência crítica (questionadora e rebelde).

F. Hicks propõe que falemos de sociedades em lugar de povos no estudo das configurações histórico-culturais. Assim poderá ser, provavelmente, em estudos posteriores e mais ambiciosos que procedam à síntese de análises como a nossa, referentes a distintas áreas do mundo. Utilizamos a palavra *povo* para reter a historiedade concreta das situações que relatamos, e por nos referirmos a etnias nacionais concretas. Suas críticas focalizam principalmente a minha suposta desatenção para com os fatores ecológicos e econômicos e minha supervalorização de características secundárias como a religião e a raça. Não concordo com Hicks neste ponto porque, a meu ver, a principal virtude do enfoque antropológico global utilizado no estudo das configurações histórico-culturais reside precisamente em permitir a análise simultânea de cada um desses cofatores, sem cair em determinismos estreitos. O descontentamento que manifesta para com minha análise dos *Povos-Transplantados* não pode ser objetado aqui em poucas linhas. Espero, porém, que a leitura do meu livro acima citado, em que esta matéria é debatida mais extensamente, nos permita acercar nossos

---

5 Edição brasileira da Editora Civilização Brasileira, Rio de Janeiro, 1970; edição espanhola do Centro Editor da América Latina, Buenos Aires, 1969 e 1971; edição inglesa de E. P. Dutton, Nova York, 1971; edição italiana contratada por Einaudi, Milão.

pontos de vista. Contudo, devo adiantar-lhe que, segundo observações de A. Gunder Frank (Manuscrito, 1969), congruentes com nossos estudos, o fator decisivo para o desenvolvimento da América do Norte em contraste com o subdesenvolvimento da América Latina residiu, precisamente, na pobreza da Nova Inglaterra. Não tendo clima apropriado para *plantations* (exceto o Sul), nem minas, nem populações estratificadas que pudesse subjugar e explorar, tornou-se inviável uma implantação econômica colonial "bem-sucedida" como as que floresceram em outras áreas e que em toda a parte conduziram, posteriormente, a situações autoperpetuantes de subdesenvolvimento.

Nosso colega A. H. Whiteford manifesta, também na crítica ao meu artigo, seu *bias* norte-americano. Começa estranhando que eu amontoe mexicanos e andinos numa mesma categoria... só porque vivem numa região onde floresceram, em certa época, as altas civilizações pré-colombianas. Contesto dizendo que os árabes, os chineses e os indianos (*Povos-Testemunho*) são distintos dos australianos e dos canadenses (*Povos-Transplantados*) ou dos brasileiros e dos antilhanos (*Povos-Novos*) pelas mesmas razões que ele minimiza. Suas dúvidas de que os ladinos e mestiços dos *Povos-Testemunho* sejam afetados pela ideias de uma grandeza passada ou pela indignação moral com o drama da Conquista só poderiam ser dirimidas visitando aqueles países. Enquanto isto, peço-lhe que considere que, para aqueles povos, tais imagens têm, pelo menos, as mesmas potencialidades de autoafirmação étnica e de intensificação da solidariedade nacional que as imagens dignificadoras que fazem tantos norte-americanos se sentirem descendentes dos peregrinos do *May Flower* ou netos dos "pais fundadores". Entretanto, como aquelas imagens dos *Povos-Testemunho* das Américas não se conciliam com o esforço de hispanholização nem com a autoimagem que suas classes dominantes cultivavam, elas operaram como forças ideológicas irredentistas. Whiteford enfatiza minhas observações concernentes ao caráter exógeno das classes dominantes daqueles povos. Na verdade, elas não constituíam, no passado colonial, a cúpula e o comando da própria sociedade subjugada, mas uma representação local da dominação metropolitana. Mesmo depois da Independência, continuaram exogenamente orientadas, organizando política e economicamente suas nações de conformidade com seus interesses classistas e os dos novos núcleos de dominação, agora de caráter neocolonial, a que se associaram. Estas características das estruturas de poder da América Latina ajudam a explicar seu atraso como resultantes do malogro de uma classe dominante secularmente inepta para o progresso porque só está interessada em promover movimentos de incorporação histórica. Com efeito, no período colonial, apenas buscava exportar para a metrópole os lucros gerados; mais tarde, beneficiar-se com a "modernização", e hoje só aspira incorporar-se ao sistema de exploração das corporações internacionais, como seu sócio menor. Um dos impedimentos básicos do desenvolvimento pleno e autônomo da América Latina reside, por isto, no fato de que, devendo fazer-se pela ruptura com a constrição imperialista externa e a constrição classista interna, contraria os interesses da classe dominante nativa. Nestas circunstâncias, ela se torna mobilizável contra seus povos, ainda que ao preço de condenar suas nações ao atraso; e jamais mobilizável para promover movimentos de aceleração evolutiva.

Bibliografia*

Citada pelo autor e seus comentadores

ADAMS, Richard N. 1956. "La ladinización en Guatemala" in *Integración social en Guatemala*, pp. 213-44. Guatemala: Seminario de Integración Social Guatelmateca.

AGUIRRE BELTRAN, Gonzalo. 1957. *El proceso de aculturación*. México City: Universidad Nacional Autónoma de México.

BAGU, Sergio. 1949. *Economía de la sociedad colonial*. Buenos Aires: El Ateneo.

⎯⎯⎯⎯. 1952. *Estructura social de la colonia*. Buenos Aires: El Ateneo.

BALANDIER, Georges. 1955. *Sociologie actuelle de l'Afrique Noire: Dynamique des changements sociaux en Afrique Centrale*. Paris: Presses Universitaires de France.

BARNETT, H. G., LEONARD BROOM, B. J. SIEGEL, E. Z. VOGT, e JAMES B. WATSON. 1954. Acculturation: An explanatory formulation. *American Anthropologist* 56:973-1002.

BASTIDE, Roger, e FERNANDES, Florestan. Editores. 1959. *Brancos e negros em São Paulo*. São Paulo: Editora Nacional.

BEALS, Ralph. 1951. Urbanism, urbanization and acculturation. *American Anthropologist* 53: 1-10.

⎯⎯⎯⎯. 1953. "Acculturation" in *Anthropology today*. Editado por A. L. Kroeber, pp. 621-41. Chicago: University of Chicago Press.

BENNETT, Wendell C. 1953. "New World culture history: South America" in *Anthropology today*. Editado por A. L. Kroeber, pp. 211-25. Chicago: University of Chicago Press.

BHATIA, B. M. 1963. *Famines in India*. New York: Asia Publishing House. [FH*]

BORAH, Woodrow. 1962. "Population decline and the social and institutional changes of New Spain in the middle decades of the sixteenth century." *Akten des 34. Internationalen Amerikanisten-Kongress*. Copenhagen.

⎯⎯⎯⎯. 1964. "America as model: The demographic impact of European expansion upon the non-European world." *XXXV Congreso Internacional de Americanistas, Actas y Memorias*, vol. 3, pp. 379-87. México.

BUARQUE DE HOLLANDA, Sérgio. 1957. *Caminhos e fronteiras*. Rio de Janeiro.

⎯⎯⎯⎯. 1963. *Raízes do Brasil*. Brasília: Editora Universidade de Brasília.

CHESNEAUX, J. 1964. *Le mode de production asiatique: Quelques perspectives de recherche*. La Pensée, nº 114. Paris.

CHILDE, V. Gordon. 1936. *Man makes himself*. London: Watts.

---

* As iniciais entre colchetes são dos comentadores. Por exemplo: FH = Frederico Hicks; CN = Cynthia Nelson. Indicam as obras por eles citadas em seus comentários.

_____. 1946. *What happened in history.* New York: Penguin Books.

_____. 1951. *Social evolution.* New York: Schuman.

COMAS, Juan. 1961. *Relaciones inter-raciales en America Latina: 1940-1960.* México. Universidad Nacional Autónoma de México.

COSTA PINTO, L. A. 1953. *O negro no Rio de Janeiro: relações de raça numa sociedade em mudança.* São Paulo: Editora Nacional.

DEBUYST, Frederico. 1961. *La población en America Latina.* Brussels: FERES.

DOBYNS, Henry F. 1966. Estimating aboriginal American population: An appraisal of techniques with a new hemispheric estimate. *Current Anthrology* 7:395-416.

ENGELS, Friedrich. 1942. *The origin of the family, private property and the state, in the light of researches of Lewis H. Morgan.* New York: International Publishers. (Primeira edição: 1884.)

FANON, Frantz. 1968. *The wretched of the earth.* New York: Grove Press. [CN*]

FERNANDES, Florestan. 1964. *A integração do negro à sociedade de classes.* São Paulo: Universidade de São Paulo.

FOSTER, George M. 1960. *Culture and conquest: America's Spanish heritage.* New York: Wenner-Gren Foundation for Anthropological Research.

_____. 1962. *Traditional culture and the impact of technological change.* New York: Harper.

FRANK, André Gunder. 1969. Dependencia económica, estructura de clases y política del subdesarrollo en Latinoamérica. Comunicação ao XI Congreso Latino-americano de Sociologia, México, novembro, 1969.

FREYRE, Gilberto. 1946. *The master and the slaves.* New York: Knopf.

_____. 1951. *Sobrados e mucambos.* Rio de Janeiro: José Olympio.

FURTADO, Celso. 1963. *Formação econômica do Brasil.* Brasília: Editora Universidade de Brasília.

GEERTZ, Clifford. 1963. "The integrative revolution: Primordial sentiments and civil politics in new states" in *Old societies and new states.* Editado por C. Geertz, pp. 105-57. London: Collier – Macmillan. [CN*]

GILLIN, John. 1947. Modern Latin American culture. *Social Forces* 25:243-48.

_____. 1949. "Mestizo America", in *Most of the world.* Editado por R. Linton. New York: Columbia University Press.

_____. 1955. Ethos components in modern Latin American culture. *American Anthropologist* 57:488-500.

GODELIER, Maurice. 1964. *La notion de "mode de production asiatique" et les schémas marxistes d'évolution des sociétés.* Paris: Centre d'Études e de Recherches Marxistes.

HENSEL, W.; HOLUBOWICZ, W. 1951. Periodyzacya. *Sprawozdania Panstowowego Muzea Archeologicznego* 1951: 1-9. [JB*]

HUMPHREY, Norman D. 1953. Raza, casta y clase en Colombia. *Ciencias Sociales* 4:12-16.

IANNI, Octavio. 1966. *Raças e classes sociais no Brasil.* São Paulo: Civilização Brasileira.

KAHN, Herman; WIENER, Anthony J. 1967. *The year 2000.* New York: Hudson Institute.

KOESTLER, Arthur. 1964. *The act of creation.* London: Hutchinson. [KOLB*]

KROEBER, Alfred L. 1939. *Cultural and natural areas of native North America*. Berkeley: University of California Press.

———. 1944. *Configurations of cultural growth*. Berkeley: University of California Press.

KUHN, Thomas S. 1962. *The structure of scientific revolutions*. Chicago: University of Chicago Press. [CN*]

KUZNETS, Simon S. 1964. *Postwar economic growth. Four lectures*. Cambridge Mass.: Belknap.

LENSKY, Gerhard. 1966. *Power and privilege: A theory of social stratification*. New York: McGraw-Hill. [FH*]

LEWIS, Oscar. 1959. *Five families: Mexican case studies in the culture of poverty*. New York: Basic Books.

———. 1961. *The children of Sánchez*. New York: Random House.

———. 1963. Nuevas observaciones sobre el "continuum" folk-urbano y urbanización. *Ciencias Politicas y Sociales* 9 (31).

LINTON, Ralph. 1955. *The tree of culture*. New York: Knopf.

LIPSCHUTZ, Alejandro. 1944. *El indoamericanismo y el problema racial en las Américas*. Santiago: Editorial Nascimento.

MALINOWSKY, Bronislaw. 1945. *The dynamics of culture change*. New Haven: Yale University Press.

MANNHEIM, Karl. 1936. *Ideology and utopia*. New York: Harcourt, Brace and World. [CN*]

MANNONI, Otto. 1966. *Prospero and Caliban: The psychology of colonialization*. New York: Frederick A. Praeger. [CN*]

MARIÁTEGUI, José Carlos. 1955. *Siete ensayos de interpretación de la realidad peruana*. Santiago de Chile: Editorial Universitaria.

MARX, Karl. 1953. *Grundrisse der Politischen Ökonomie*. Berlin: Dietz. (Escrito em 1857.)

———. 1961. *Capital*. Editado por Frederick Engels. Moscow: Foreign Languages Publishing House; London: Lawrence and Wishart.

———. 1964. *Pre-capitalist economic formations*. Traduzido por Jack Cohen. Editado e com uma introdução de E. J. Hobsbawn. London: Lawrence and Wishart.

MINTZ, Sidney W. 1954. Sobre la cultura folk: Redfield y Foster. *Ciencias Sociales* 5:77-81.

MORGAN, Lewis H. 1877. *Ancient society*. New York: H. Holt.

MYRDAL, Gunnar. 1944. *An American dilemma*. New York: Harper.

NEUSTUPNY, E.; NEUSTUPNY, J. 1961. *Czechoslovakia before the Slavs*. London: Thames and Hudson. [JB*]

NOGUEIRA, Oracy. 1955. "Preconceito racial de origem." *Anais do XXXI Congresso Internacional de Americanistas*, vol. I, pp. 409-34. São Paulo.

ONG, Walter J. 1967. *The presence of the word*. New Haven: Yale University Press.

ORTIZ, Fernando. 1947. *Cuban counterpoint*. New York: Knopf.

PIERSON, Donald, 1942. *Negroes in Brazil: A study of race contact at Bahia*. Chicago: University of Chicago Press.

RACHINE, A. G. 1956. *Population de la Russie par 100 ans:* 1811-1913 (em russo). Moscow.
RAMOS, Artur. 1942. *Aculturação negra no Brasil*. São Paulo: Editora Nacional.
_____. 1947. *Guerra e relações raciais*. Rio de Janeiro.
REDFIELD, Robert. 1941. *The folk culture of Yucatan*. Chicago Press.
_____. 1953. *The primitive world and its transformations*. New York: Cornell University Press.
_____. 1956. *Peasant society and culture*. Chicago: University of Chicago Press.
REDFIELD, R.; LINTON, R.; HERSKOVITS, M. 1936. Memorandum on the study of acculturation. *American Anthropologist* 38:149-52.
RIBEIRO, Darcy. 1968: *The civilizational process: Stages of sociocultural evolution*. Washington, D.C.: Smithsonian Institution Press.
_____. 1969. *The Americas and civilization*. New York: E. P. Dutton. Edição brasileira: *As Américas e a civilização* [Rio de Janeiro: Civilização Brasileira, 1969]. Edição espanhola: *Las Américas y la civilización* [Buenos Aires: Centro Editor de América Latina, 1969.].
_____. *Os brasileiros*. Manusc.
_____. *Os índios e a civilização*, O processo de integração das populações indígenas no Brasil moderno. Rio de Janeiro: Civilização Brasileira.
ROSENBLAT, Angel. 1954. *La población indígena y el mestizaje en America*. Buenos Aires: Editorial Nova.
SANDERS, William T., e PRICE, Barbara J. 1968. *Mesoamerica: The evolution of a civilization*. New York: Random House. [FH*]
SAPIR, Edward. 1949. *Selected writing of Edward Sapir*. Editado por D. Mandelbaum. Berkeley: University of California Press.
SAUVY, Alfred. 1954-56. *Théorie générale de la population*. Paris: Presses Universitaires de France.
SERVICE, Elman R. 1955. Indian-European relations in colonial Latin America. *American Anthropologist* 57:411-25.
_____. 1962. *Primitive social organization: An evolutionary perspective*. New York: Random House. [FH*]
SIREAU, Alberto. 1966. *Teoria de la población. Ecologia urbana y su aplicación a la Argentina*. Buenos Aires: Editorial Sudamericana.
STAVENHAGEN, Rodolfo. 1963. Clases, colonialismo y aculturación: Ensayo sobre un sistema de relaciones interétnicas en Mesoamérica. *America Indígena* 6:63-104.
_____. 1965. Siete tesis equivocadas sobre America Latina. *Política Externa Independente* 1:67-80.
STEWARD, Julian H. Editor. 1946-50. *Handbook of South American Indians*. Bureau of American Ethnology Bulletin 143.
_____. 1949. "The native population of South America", in *Handbook of South American Indians*, vol. 5, pp. 655-68. Bureau of American Ethnology Bulletin 143.
_____. 1950. *Area research: Theory and practice*. New York: Pan-American Union.

_____. 1955. *The theory of culture change*. Urbana: University of Illinois Press.

TANNENBAUM, Frank. 1947. *Slave and citizen: The negro in the Americas*. New York: Knopf.

THOMPSON, H. Paul. 1966. Estimating aboriginal American population: A technique using anthropological and biological data. *Current Anthropology* 7:417-24.

TOLSTOV, S. P. 1946. K. voprosu o periodizaciji istorii pervobytnogo obshchestva. *Sovetskaja Etnografija* 1:25-36. [JB*]

UNITED NATIONS. 1958. *Estudios demográficos* nº 28. New York.

_____. 1965. "Conferencia mundial de población", in *Boletín informativo*. New York.

UNITED STATES BUREAU OF THE CENSUS. 1961. *Historical statistics of the United States, colonial times to 1957*. Washington.

_____. 1966. *Statistical abstract of the United States*. Washington.

WAGLEY, Charle; MARVIN, Harris. 1955. A typology of Latin American subcultures. *American Anthropologist* 57:428-51.

WARNER, W. Lloyd, e SROLE, Leo. 1945. *The social system*. 1945. *The social system American ethnic groups*. New Haven: Yale University Press.

WEBER, Max. 1948. *The Protestant ethic and the spirit of capitalism*. London: Scribner's.

WHITE, Leslie. 1959. *The evolution of culture*. New York: McGraw-Hill.

WILLIAMS, Eric. 1964. *Capitalism and slavery*. New York: Russell and Russell.

WOLF, Eric R. 1955. Types of Latin American peasantry. *American Anthropologist* 57:452-71.

IV
EPÍLOGO À EDIÇÃO ALEMÃ DE *O PROCESSO CIVILIZATÓRIO*

Heinz Rudolf Sonntag

Pretender uma nova teoria acerca da origem, do desenvolvimento e do futuro da evolução da humanidade, provoca, em todo caso, uma forte oposição. Opinam alguns, e dizem que tem havido demasiados sistemas construídos especulativamente. Isto é, filosofias da história, teorias da evolução, esquemas de desenvolvimento, e que todos foram superados. Haviam todos revelado a sua incompatibilidade com o que realmente aconteceu na história; por conseguinte, não valeria a pena pensar sobre tais problemas. Seria muito mais importante avaliar e calcular as forças em jogo hoje em dia e empreender a realização do que está atualmente acontecendo. Segundo esta opinião, acabou-se a reflexão teórica sobre a evolução, ou filosófica sobre a história, pois são atividades abstratas e obscuras e, portanto, não científicas. Esta opinião encerra uma noção de ciência que se baseia somente aqui e agora, e não deseja ocupar-se senão do "concebível" que, por ser "concebível", não necessita o "esforço do conceito" (Hegel). Os conceitos e noções são, segundo esta opinião, unicamente categorias "operacionais" cujo significado se fundamenta na manipulabilidade analítica em sua relação com a "realidade" encontrada.

Os outros se sentem bem com a filosofia da história, a teoria da evolução ou o esquema de desenvolvimento de que dispõem. Negam-se a que seus sistemas teóricos sejam questionados, porque sua justeza e adequação já teria sido suficientemente demonstrada. Em consequência creem que um novo esforço para repensar a evolução da humanidade é, na melhor das hipóteses, um jogo intelectual supérfluo e, na pior, uma má e perigosa heresia. Esta opinião encerra, também, a sua noção de ciência que, se bem seja entendida como história, quer dizer, pretenda incluir a história, vê-se reduzida ao hoje precisamente porque se nega que sua historicidade seja posta em julgamento.

As duas opiniões, ainda que *pareçam* totalmente incompatíveis, têm de fato muito em comum. Deixemos de lado, por um momento, o jogo das abstrações e consideremos a primeira opinião a das "as ciências sociais acadêmicas" e a segunda a do "o marxismo ortodoxo". Veremos então que ambas as posições estão de acordo no que diz respeito à "realização do presente", ou seja, que as duas posições se encontram no concreto. Para ambas, o estado de coisas atual é a grande tarefa que se articula, no primeiro caso, como "desenvolvimento da sociedade industrial" e, no segundo, como "revolução socialista", e onde esta se tenha realizado real ou presumivelmente, as duas articulações coincidem em definitivo. Os que pregam o "fim das ideologias" e o praticam "cientificamente" chegam sub-repticiamente à "coexistência pacífica" com os que possuem uma ideologia definitiva, apesar de todas as diferenças teóricas e verbalizadas.

Isso não pode ser casual. Os que se colocam na primeira posição, insistindo sobre a falta de teoria e renunciando à grande perspectiva histórica, têm, de certa forma, uma lógica. Esta atitude corresponde a um momento em que não somente as ciências naturais como também as ciências sociais chegaram a ser, dia após dia (e cada vez mais evidentemente) forças produtivas sociais sem cuja intervenção permanente o sistema não poderia se manter em sua totalidade. E ainda, dentro da segunda opinião, a rotina no trato do sistema teórico, quer dizer, filosófico-histórico, uma vez alcançada, não parece menos lógica. Corresponde a um momento em que a redução pragmática da revolução e a perversão burocrática da "impaciência revolucionária" (Wolfgang Harich) na calcificação das relações sociais, pressupostamente liberadas, necessitam, por sua vez, da "aproximação das práxis" das "ciências da sociedade" e, não por último, para consolar-se e superar o fato de que persistem realidades que não têm absolutamente nada a ver com o sistema teórico e seus fundamentos.

É essa coincidência suficiente para constatar aquela aproximação de que falamos? Isso depende de que ponto de vista se formula a pergunta. Se for daquele que não existe na realidade, ou seja, o do "teórico puro", a resposta teria que ser negativa e seria preciso assinalar a falta de um elo na cadeia argumentativa (elo que poderia ser incluído, sem embargo, ao se refletir mais detidamente sobre os efeitos positivos ou negativos da função das ciências sociais como forças produtivas sociais). Se se trata, porém, do ponto de vista de um cientista social plenamente integrado no sistema da "sociedade industrial" – não importa de que formação político-econômica ele seja, – como socialista responderia "não" e negaria rotundamente na teoria a coincidência e aproximação. Praticaria, porém, em seu trabalho cotidiano como cientista, uma resposta afirmativa, e como capitalista ou ideólogo capitalista responderia "sim" à pergunta ao remetê-la às "convergências dos sistemas" e às "coações de fato" que, presumivelmente dominam qualquer sociedade industrial, não importa de que formação político-econômica. Se se trata do ponto de vista de um cientista social crítico no mundo "desenvolvido", este trataria de reviver o axioma de Max Horkheimer para a teoria crítica, segundo o qual "o reconhecimento crítico das categorias dominantes na vida social... contém ao mesmo tempo o seu ajuizamento" (*Teoria tradicional e teoria crítica,* ed. alemã, 1937), e de romper assim aquela aproximação e coincidência problemática.

O trabalho de Ribeiro adota outro ponto de vista. É o ponto de vista do teórico crítico do mundo *subdesenvolvido*. E este ponto de vista que é, ao mesmo tempo, uma posição social e a reflexão crítica sobre ela (e ele) o levam a superar e a romper a aproximação precisamente onde ela começa: no contato perigoso das ciências sociais acadêmicas a-históricas com o sistema marxista, que se entumeceu dogmaticamente no trato rotineiro com a sua base teórica. Daí surge a pretensão, daí nasce a necessidade de formular uma nova teoria sobre a origem, o desenvolvimento e o futuro da evolução da humanidade.

Desde logo, a posição social é o decisivo e a ruptura do dilema teórico o secundário, quase uma consequência da tentativa de definir aquela com toda a precisão. A posição social do mundo subdesenvolvido tem sido medida e definida até agora com as categorias que puseram à disposição as ciências sociais acadêmicas e o marxismo dogmático. Não se pode, neste trabalho, demonstrar todas as deformações resultantes. É necessário, porém, pôr em relevo que nem sequer a teoria crítica ou histórico-total do subdesenvolvimento havia preenchido todas as lacunas do conhecimento sobre o subdesenvolvimento e que, portanto, se evidenciava a necessidade de uma nova teoria da evolução. E tampouco se pode deixar de esclarecer em que campo os pensadores pressupostamente radicais, isto é, marxistas e socialistas de diferentes procedências, com algumas exceções, pecavam teoricamente.

Isso se pode evidenciar com um exemplo e se pode resumir com uma censura: aqueles pensadores não se submetiam ao esforço de orientar o seu trabalho teórico concretamente nas relações sociais existentes, conforme lhes haviam mostrado seus grandes mestres: desde Marx e Engels, passando por Lênine e Trotsky até Mao Tsé-Tung. Passavam por alto o concreto das relações sociais ao buscar o refúgio que lhes oferecia o seu esquema de desenvolvimento em todo o tipo de sandices teóricas. Segundo a unilinearidade imposta ao esquema de desenvolvimento somente depois de Marx, tudo o que não é capitalismo é feudalismo e outra fase precedente da evolução socioeconômica. No caso da América Latina, tratava-se, em primeiro lugar, de feudalismo. Os falatórios sobre feudalismo fecharam os olhos ao fato de que a *totalidade* das relações de produção existentes, ou em processo de desaparição, não mostravam, de forma alguma, as características que marcaram o feudalismo europeu, senão um só de seus elementos – e nem sempre este sequer, – isto é, a organização do trabalho enquanto outros elementos da estrutura evidenciavam um caráter totalmente diverso. E mais, fixados na segurança de seu enquadramento evolutivo, aqueles pensadores não levavam a sério a pretensão fundamental de suas categorias como materialistas, e não as examinavam sob o aspecto de sua aplicabilidade universal. Posto que os conceitos haviam surgido em um determinado contexto, impregnados por ele e projetados rumo a ele, ter-se-ia imposto a pergunta de, por exemplo, se o feudalismo podia ser aplicado às relações sociais do México pré-colombiano ou da China, isolada durante séculos. Dessa forma, tudo ficou como era, o esquema evolutivo permaneceu intato e não se realizou a transformação intencionada, verbalmente, das relações socioeconômicas.

A teoria crítica do subdesenvolvimento, por sua vez tomou demasiado superficialmente a análise em outro campo. Ainda que tenha superado as debilidades das velhas hipóteses radicais sobre a essência do subdesenvolvimento, procedeu, de certo modo, apenas, parcialmente de maneira histórica. Empregava a sua contemplação histórica, em princípio correta, somente no momento em que as civilizações cêntricas intervieram maciçamente nas sociedades atualmente subdesenvolvidas; investigava o processo do "desenvolvimento do subdesenvolvimento" (A. Gunder Frank) e deixava fora da sua visão a história das sociedades intervindas, *antes* da intervenção. O que existia antes desse momento histórico não interessava à teoria crítica nem sequer marginalmente, permanecendo em mãos das ciências "auxiliares" consideradas de pouco valor para a práxis e a prática sociais, quer dizer, a arqueologia, a etnologia, a história antiga etc. Estas, conquanto auxiliares e sem lugar próprio adequado, não foram incluídas no esforço crítico da teoria histórico-cultural. Operavam, portanto, à base da teoria da evolução existente, ou seja, do marxismo dogmatizado. Por conseguinte, avaliava-se a história das sociedades depois subdesenvolvidas, antes de sua integração ao sistema capitalista mundial sem refletir sobre as categorias de que dispunha aquele esquema, e se as qualificava de épocas "feudal" ou "escravista" ou simplesmente "primitiva". São evidentes as consequências e se tornam, cada dia mais claras. Uma das consequências mais decisivas consiste em que a teoria da dependência, que resulta ser um ponto essencial e, portanto, um tópico de sumo interesse para a teoria crítica, se veja reduzida economicamente. Isto tem, ainda que à primeira vista, consequências fatais para qualquer teoria revolucionária. Ou seja, uma prática social com vistas à mudança estrutural e intencionada. Em resumo, a teoria crítica se contentava também com uma visão pobre da totalidade do processo social do subdesenvolvimento que deveria incluir todo o seu desenvolvimento. Isto está mudando e, em grande parte, por influência do trabalho de Ribeiro.

No que se refere às deformações produzidas pelas ciências sociais acadêmicas, diremos muito pouco. Acreditavam elas poder renunciar, durante muito tempo, a qualquer teoria de grande alcance histórico. Quando, por fim, a tiveram, resultou ser o que é dentro deste conceito: uma falsa ideologia que toma o hoje como marco de interpretação de todo o passado. Estas ciências já haviam forjado antes, na história, seus instrumentos para o trato do mundo subdesenvolvido, quando convinha ao seu senhor: o sistema capitalista. Por exemplo, nos primeiros estudos antropológicos. Consequentemente, declaravam o estado de desenvolvimento de suas próprias sociedades como a meta e o fim da história no qual nada havia a interpretar, mas, no melhor dos casos, algo a reformar. O desenvolvimento, filho legítimo das ciências sociais acadêmicas, tudo colocou sob o denominador comum da "modernização das estruturas" e do chapéu unitário da tecnocracia. A imagem resultante do subdesenvolvimento corresponde a esta "ingenuidade" que todavia não é infantil, mas que tem como objetivo a manutenção das relações existentes no mundo subdesenvolvido ("em vias de desenvolvimento") e é, portanto, muito perigosa.

Assim se encontrava fixada, teórica e/ou ideologicamente, a posição social a partir, e dentro da qual, iniciou Ribeiro o seu trabalho. Sua estrutura socioeconômica era, na época e é atualmente, bastante conhecida: o que significa, em termos concretos, o subdesenvolvimento – sabe-o hoje qualquer criança e até meios de comunicação liberais não se intimidam mais com conceitos como imperialismo, espoliação e dependência, para não falar de revolução. Enfrentar esta realidade e suas interpretações teóricas com plena consciência do que são, hoje em dia, as ciências sociais, significa em si um enorme desafio. No caso de Ribeiro, agregou-se um outro elemento de tipo pessoal: ele havia estado vinculado a um regime reformista-populista como Ministro da Educação e Cultura e, depois, como Chefe da Casa Civil. O Brasil não havia logrado superar seu subdesenvolvimento sob aquele reformismo e este havia derivado em um regime militar que relacionava, e relaciona, "reformas" tecnocráticas, gratas ao sistema, com uma repressão política sistemática.

O resultado da experiência pessoal, da posição social e da reflexão científica a elas correspondentes, não podia ser senão (e sob o risco de não ser nunca escrita) uma obra que rompesse aquela aproximação paralisante das duas formas do *quefazer* científico na atualidade. Somente uma nova teoria acerca da origem, do desenvolvimento e do futuro da evolução da humanidade poderia satisfazer às exigências que teria de fazer-lhe o teórico do subdesenvolvimento e sua teoria, e a prática social transformadora, relacionada com ela.

Tais considerações poderiam soar abstratas aos ouvidos contemporâneos empenhados no concreto porque, superficialmente, não parecem estar relacionadas com a situação de classes no mundo subdesenvolvido e a nível mundial, senão que parecem evitar e fugir, por teórica, à luta revolucionária. Que assim não seja é evidente, mas merece ser mostrado em dois exemplos decisivos.

Não é preciso demonstrar com que ponto de vista classista estão comprometidas as ciências sociais. Ainda que não correspondam à "técnica social", a situação objetiva e, também subjetiva, de seus protagonistas pode ser determinada univocamente. Sua fórmula é "se", "se, quiçá" "se, porém". Em caso algum implica, entretanto, em proposições de reforma realmente transformadoras das estruturas mesmo quando investiga a "função" (sic!) do conflito social para a mudança social (Lewis Coser).

No caso das teorias dogmatizadas do marxismo, seguro de si mesmo sobre o subdesenvolvimento, a questão não é tão fácil. Não se pode censurar que estejam relacionadas subjetivamente, isto é, através de seus protagonistas e pregadores, com as classes dominantes do sistema capitalista e em geral. Precisamente, porém, porque partem do pressuposto de que uma das características mais decisivas da estrutura do subdesenvolvimento é a sobrevivência de restos feudais, sua conclusão estratégica não pode ser outra senão a de uma aliança entre as classes, aliança que poderia eliminar aqueles restos e, ao mesmo tempo, produzir uma estrutura capitalista desenvolvida. Em outras palavras, confiam no que chamam de "burguesia nacional" e constroem a sua estratégia e tática de tal forma que se estabeleça uma coalisão entre aquela e o proletariado. Esta coalisão deve ser construída de tal modo que o proletariado tenha, nela, a sua base de partida para a luta pela revolução socialista. Deixando de lado a falha teórica criticada anteriormente, ou seja, o pressuposto de que o problema do subdesenvolvimento estivesse na permanência dos restos feudais na estrutura, vê-se também que a análise da estrutura de classes contém consequências fatais. Esta análise se transforma em uma análise abstrata porque não logra captar as verdadeiras relações de classe. A "burguesia nacional", por exemplo, é retirada do seu contexto internacional (que, por outro lado, se pretende ter sido estabelecido através do conceito de "imperialismo") e é definida como um empresariado capitalista que, da mesma forma que os novos empresários burgueses das sociedades capitalistas atualmente desenvolvidas, construirá e aperfeiçoará as relações de produção capitalistas. Tal conclusão se baseia em uma pretensão *verbal* de totalidade, pretensão que não é levada a sério para a prática política. Pretende-se a totalidade do sistema capitalista como sistema mundial mediante a tese do imperialismo; mas; ao mesmo tempo, se elimina essa tese com a análise isolada da burguesia nacional. O proletariado, por outro lado, é um conceito igualmente abstrato. É descrito nos mesmos termos em que Marx e seus sucessores haviam feito em relação ao proletariado das sociedades capitalistas industrializadas. Ao proceder assim, grandes setores da população dos países subdesenvolvidos, como os marginalizados, são desestimulados para a revolução e subestimados sob o rótulo de lumpemproletariado que, como todos sabemos, desempenha, na revolução, um papel sumamente duvidoso. Tal análise da estrutura de classes conduz a que se fale da necessidade de uma "revolução anti-imperialista e antifeudal", que poderia levar ao socialismo sem precisar quando.

Tais vícios de pensamento e erros táticos e estratégicos não são, naturalmente, suficientes para equiparar a teoria radical "clássica" às ciências sociais acadêmicas no que se refere ao seu ponto de vista classista. Reproduzem, porém, aquela coincidência que constatamos anteriormente a respeito das duas teorias.

A teoria crítica ou histórico-total do subdesenvolvimento, ao contrário, não desenvolveu bastante sua análise das classes. Apresentou estudos fundamentais acerca da estrutura econômica do subdesenvolvimento e demonstrou seu caráter capitalista subalterno. Mostrou, também – e o fez no campo estritamente econômico e no geral –, que o subdesenvolvimento não pode ser superado senão através de uma revolução socialista. Estendeu suas investigações (raras vezes, até agora) ao campo das classes sociais, mas o fez de modo muito superficial.

Em outras palavras, praticou uma economia política parcialmente dessocializada. Isto vale, quando muito, para os grupos protagonistas da revolução, e não tanto com respeito à burguesia. Quanto a ela, se pode provar, na análise econômica, que é tudo menos nacional e que é um apêndice da classe dominante do imperialismo em nível mundial; André Gunder Frank a denominou muito acertadamente *lumpemburguesia*. No que se refere à falha da teoria histórico-total com respeito às suas afirmações acerca da estrutura de classes, explica-se parcialmente pelo fato de que aceitava partes das teorias existentes sem submetê-las à crítica que a caracteriza normalmente.

Ribeiro apresenta sua análise de classes das sociedades subdesenvolvidas em seu livro *As Américas e a civilização* e, sobretudo, no *O dilema da América Latina*. O fato de que a sua teoria da evolução preceda estas duas obras não é casual. Considerações acerca da estrutura de classes já se encontram no *O processo civilizatório*. Em primeiro lugar, sua caracterização de "todos" aqueles povos, incorporados historicamente como "proletariados externos" indica, no presente, o papel dos povos subdesenvolvidos no esforço de construção das "sociedades futuras". Por isso não se verbaliza somente a pretensão de totalidade, mas ela é definida concretamente. Precisamente porque uma teoria evolutiva universal não eurocêntrica se transforma em base da teoria crítica do subdesenvolvimento, a análise das classes pode libertar-se das armadilhas e coerções nas quais se encontrava, tanto na radicalidade "clássica" como até agora na teoria histórico-total.

Vem, em segundo lugar, a unidade entre os movimentos de emancipação do Terceiro Mundo e os movimentos de resistência nas sociedades altamente desenvolvidas, unidade esta somente passível de produzir-se mediante uma nova teoria evolutiva. Esta unidade é mostrada em *O processo civilizatório* com bastante clareza. Ribeiro a acentua na réplica às diversas críticas ao seu trabalho incluídas neste volume: "considero os combatentes dos conflitos raciais nos Estados Unidos e os das lutas pela emancipação e o socialismo que se travam pelo mundo afora uma mesma força, oposta a uma força contrária: – a primeira, tendente a construir o futuro; a outra, empenhada em perpetuar o existente". Claro, tal unidade a veem muitos, a exigem alguns. Entretanto, ela carecia, até agora, de uma fundamentação teórica por estar construída miopemente de maneira voluntarista, ou envolvida em uma rede teórica de malhas tão largas que, na prática, tinha que cair em um dos seus buracos.

Tal análise de classes significa, ao mesmo tempo, que se toma uma posição de classe bem definida e clara. Por não ser cega, esta posição é claramente válida no sentido de Horkheimer: "O intelectual que prega com profunda veneração a força criadora do proletariado e se satisfaz com adaptar-se a ela e transfigurá-la, não leva em conta que qualquer ato de eludir o esforço teórico, economizado na passividade do seu pensamento, assim como qualquer ato de evitar uma contradição temporal com as massas a que poderia levar o seu próprio pensamento, tem que debilitar e tornar mais cegas as massas. Seu próprio pensamento pretende, como elemento crítico e de vanguarda, ao desenvolvimento das massas" (*Teoria tradicional e teoria crítica*, 1937).

Darcy Ribeiro censurou seus críticos no comentário já citado por não terem discutido os quatro temas essenciais do seu trabalho, isto é, a) a redução do feudalismo de uma fase da evolução sociocultural a uma regressão geral ocorrida muitas vezes na história; b) o conceito de "aceleração evolutiva"; c) o conceito da "incorporação" ou "atualização histórica" e d) a diferenciação entre "atraso" e "subdesenvolvimento".

No que se refere à última omissão, ela não parece tão grave. Se se aceita – ainda que com certas restrições – a teoria da evolução de Ribeiro, aquela diferenciação é completamente lógica. Não se pode comparar sociedades que foram subdesenvolvidas mediante contato com formações tecnológica e socioeconomicamente mais desenvolvidas com configurações que, por uma ou outra razão, foram excluídas de uma ou mais fases da evolução sociocultural. Seu equipamento tecnológico, sua organização social e política e sua constituição política se diferenciam marcadamente da estrutura do subdesenvolvimento. Entretanto, há que supor – e isso Ribeiro também apresenta como hipótese – que o atraso diminui e desaparece na medida em que as duas últimas revoluções tecnológicas, a saber, a industrial e a termonuclear, se estendem de forma que os povos atrasados se veem rapidamente incorporados, quer dizer, subdesenvolvidos.

A tese acerca do feudalismo exigiria uma discussão muito mais ampla que aquela que podemos desenvolver nestas breves considerações. É certo que as teorias da evolução até agora existentes, inclusive a original de Carlos Marx e a de Frederico Engels não podiam explicar muito bem as regressões das altas civilizações. Devido à sua unilinearidade explícita ou implícita, tudo se transformava em progresso, inclusive a passagem da estrutura socioeconômica sumamente complexa do Império Romano até as "idades obscuras" da Idade Média. E se os sistemas histórico-filosóficos "levavam em conta a possibilidade de regressões históricas, tratava-se, na maioria dos casos, de uma arma ideológica contra o respectivo presente em lugar de uma categoria analítica. Até aqui, a tese de Ribeiro é capaz de atacar uma quantidade de problemas. É certo, também, que um feudalismo assim concebido faz sentido até para os povos que não experimentaram o feudalismo europeu na própria carne. A mim, a tese me parece questionável somente no momento em que trata de servir de base ao argumento de que a tecnologia seja o motor da evolução sociocultural; será necessário voltar a este planteamento da crítica.

Os conceitos "incorporação histórica" e "aceleração evolutiva", assim como o conceito correspondente de "modernização reflexa", obviamente conceitos-chave da teoria evolutiva de Ribeiro, marcam seu grande valor próprio. Tornam possível a captação e o entendimento da totalidade de processos socioeconômicos e socioculturais extremamente complexos, e das formações que deles resultam.

Isto se evidencia claramente se se entende o subdesenvolvimento como resultado de um processo de incorporação histórica. As contradições em sua interpretação mostram o que são, ou seja, expressões de contradições inerentes à estrutura. Isto vale não somente para a composição étnica dos povos subdesenvolvidos (que, de todas as formas tem um significado importante quase que exclusivamente no contexto latino-americano), senão – e muito mais – para a constituição ideológica e até para a identidade sociocultural.

A organização socioeconômica inclui diferentes relações de produção. A servidão feudal coexistia e coexiste com a organização capitalista do trabalho, a escravidão com certas formas de cooperativismo; Héctor Silva Michelena encontrou, no caso da Venezuela, nada menos que sete formas diferentes de organização do trabalho (manuscrito inédito de 1970). Sociedades historicamente incorporadas, subdesenvolvidas nos dias de hoje, *devem* ter esta constituição de estrutura socioeconômica. Porque, à parte os restos das relações de produção existentes antes da incorporação, que sobreviveram de uma ou outra forma, encontram-se tanto as diferentes formas de organização do trabalho como todas as formas possíveis sempre e quando sirvam ao objetivo último da exploração mais eficiente. Nos últimos tempos, e na medida em que as sociedades subdesenvolvidas tentam superar esta condição, agregam-se outras formas de organização do trabalho que completam a imagem. O mesmo é igualmente válido para a base tecnológica das relações de produção: nela também coexistem os mais modernos instrumentos de trabalho com os mais antiquados. Esta multiplicidade é uma característica das sociedades incorporadas historicamente, e conforma suas estruturas específicas que, hoje em dia, convergem em uma estrutura global: o Terceiro Mundo.

O mesmo, ainda que mais detidamente, se poderia mostrar em relação aos sistemas ideológicos dos povos subdesenvolvidos e até para a sua identidade sociocultural como tal. Quer dizer, uma totalidade particular e individual se evidencia sem contradições somente no momento em que se aplica o instrumento analítico da incorporação histórica. Ele possui suas consequências teóricas, por exemplo, porque o conceito de dependência adquire somente agora sua dimensão especial. Tem consequências estratégicas: a totalidade da estrutura do subdesenvolvimento não pode ser rompida senão através de uma revolução; e, mais, esta revolução, longe de ser um ato voluntarista, tem que superar as contradições em diferentes níveis e criar uma sociedade capaz de acelerar-se evolutivamente e de romper, assim, o círculo vicioso do subdesenvolvimento para incorporar-se autonomamente às "sociedades futuras".

São importantes e não podem, portanto, ser deixadas de lado algumas observações críticas nestas considerações. Elas não diminuem o valor do trabalho de Ribeiro, senão que tendem a esclarecer em que direção temos que continuar trabalhando. Limitar-me-ei a duas observações, uma das quais formula uma crítica, enquanto que a outra articula uma característica que, possivelmente, possa prestar-se a outras críticas.

Em uma conversa com Ribeiro (publicada na revista alemã ocidental, *Kursbuch*, n. 23, março de 1971), formulei minha crítica mais profunda sem que ele a houvesse refutado claramente. Sua teoria da evolução deixa de mencionar concretamente os grupos sociais protagonistas das revoluções tecnológicas e dos processos civilizatórios por elas provocados. Segundo esta teoria, o motor da evolução da humanidade é a tecnologia. A tecnologia leva consigo as mudanças decisivas na relação do homem com a natureza, na relação com os outros homens baseada na primeira relação, e no sistema de conhecimentos e valores das sociedades.

Agora bem: é uma lapalissada teórica que as transformações tecnológicas estejam sempre condicionadas socialmente, isto é, que correspondam, de uma forma ou de outra, aos interesses de uma classe social. Por exemplo, os fundamentos teóricos e o princípio do funcionamento da máquina a vapor eram conhecidos muito antes de que ela fosse incorporada ao sistema produtivo do capitalismo incipiente. Em um momento histórico determinado, isso não é casual: no momento da incorporação da máquina a vapor ao sistema capitalista incipiente, a classe social, que sustentava aquele sistema, não somente necessitava o novo aparelho tecnológico como podia utilizá-lo segundo seus princípios de racionalidade. O mesmo é válido para todas as inovações tecnológicas.

Se são privadas dos grupos sociais que as sustentam, cristalizam-se no vazio onde podem converter-se em estrelas fixas ao redor das quais se move todo o sistema. Privadas de seu conteúdo social este não se restabelece, tampouco, ao declará-las fatores causais do desenvolvimento social. Porque, neste caso, se reduziria a causalidade unilateralmente, se a converteria no contrário de uma causalidade dialética. E a dialética do processo evolutivo começa a desfazer-se mediante determinação e condicionamento.

O contra-argumento de Ribeiro no sentido de que haveria que considerar a tecnologia como fator somente em análises de grande alcance histórico enquanto nas análises a curto e médio prazo se revelariam outras forças – por exemplo, a organização social ou a ideologia, como fatores determinantes –, este contra-argumento, digo, não resiste a um exame mais detido. Supondo que se pudessem fundamentar as análises de diferentes alcances históricos com diferentes princípios epistemológicos, o que obviamente não é certo. Há que tomar aqui uma decisão clara: ou se trata de uma dialética sustentada e realizada por homens e grupos de homens, isto é, de uma dialética materialista – terá que ter, então, validade, também, para as análises de grande alcance histórico; ou se trata de uma dialética coisificada que converta o que necessita o homem para a realização de sua relação dialética com a natureza, ou seja, os instrumentos e aparelhos em um fetiche, o que é, consequentemente, uma dialética alienada do homem como ser individual e social. Precisamente por isso, não serve de ajuda para Ribeiro a frase de Marx que diz que "uma história natural da tecnologia é quase mais importante do que a história natural da evolução biológica do homem". Para Marx, o caráter instrumental da tecnologia, isto é, ser criada e condicionada pelo homem e, portanto, pela sociedade, era uma coisa *a priori*.

Se se inclui nesta crítica as consequências práticas implícitas e manifestas na teoria da evolução de Ribeiro, o argumento se agrava ainda mais.

Seria difícil conceber como se poderia subtrair os povos subdesenvolvidos de outra incorporação histórica no novo processo civilizatório incipiente, e como poderiam mudar o curso da história a seu favor. Se se dissesse que a resposta a esta pergunta estratégica se pudesse formular, mediante uma análise a médio ou a curto prazo, o argumento original continuará válido. A outra réplica, isto é, o voluntarismo revolucionário, aliviaria demasiado a coisa. Além disso, em ambos os casos, as condições objetivas e subjetivas coincidiriam à maneira de um *deus ex machina* e se dissolveriam definitivamente.

É certo: também para a teoria evolutiva de Marx as contradições entre o estado de desenvolvimento das forças produtivas e o das relações de produção é o motor decisivo para o desenvolvimento social. Se bem que não se trate de salvar a luta de classes como motor da história, é preciso dizer que, no caso de Marx, aquela contradição intervinha de maneira dialético-materialista, e que só existia como tal na medida em que intervinha.

Minha segunda observação formula uma característica que, possivelmente, tenha suas raízes no mesmo problema que não foi explicitado e sim insinuado na crítica das linhas anteriores. Ribeiro concede a seus críticos que sua teoria da evolução não contém e nem postula uma nova epistemologia, que, pelo menos parcialmente procede estruturalmente. No caso dos esquemas de evolução até agora existentes, história e evolução coincidiam em larga medida (salvo em casos nos quais a teoria desempenha puras funções de justificação, como em Wittfogel). Em outras palavras, a matéria-prima fornece, também, a estrutura, é estruturada em si mesma; o que é historicamente simultâneo o é também, na estrutura da teoria e, ao inverso. Ribeiro, ao contrário, insiste em que sua sequência evolutiva não é histórica mas teórica. Ali se manifesta outra noção de ciência: todo o processo histórico se converte em matéria-prima que somente adquire uma estrutura ao conceitualizá-la. Aqui se reconstrói a realidade na cabeça, se adquire uma estrutura ao separar e reagrupar elementos dispersos no tempo e no espaço. Pois bem, o que se poderia chamar o estruturalismo de Ribeiro não encerra as consequências e implicações do estruturalismo etnológico e antropológico à Lévi-Strauss. Porque neste resulta a unidade dos elementos, dispersos e divergentes que, uma vez alcançada, é um simples jogo intelectual que se nega estritamente a pensar sobre suas consequências práticas. E mais: não chega nunca a uma unidade real, permanece sempre na zona neutra da realidade. Isso não ocorre no caso de Ribeiro. Trata-se mais de um estruturalismo com presságios invertidos: se constrói a estrutura precisamente para evidenciar as consequências e implicações que encerra. E ainda, no momento em que historicamente a unidade se converte em unidade real e total, na qual se realiza historicamente – ou seja, com a revolução mercantil e os processos civilizatórios por ela produzidos – também na teoria da evolução a unidade chega a ser total; coincidem história e evolução, desaparece a diferença entre unidade teórica e cronológica.

Darcy Ribeiro insiste em que seu esquema de evolução sociocultural, seu trabalho teórico não é um jogo inventado por um intelectual para intelectuais. Esta pretensão ele a tem com toda a razão. Sua teoria articula uma "consciência possível" (G. Lukács – L. Goldmann) e se converte, por fim, em "elemento de avanço" no processo histórico. No que se refere à ciência social, supera um dilema; aponta novos caminhos de trabalho à teoria crítica do subdesenvolvimento. Esta teoria da evolução torna possível uma análise de classes adequada à complexidade da estrutura de classes no subdesenvolvimento.

Pelo fato de ser uma teoria do Terceiro Mundo para o Terceiro Mundo o censurarão somente aqueles que continuam acreditando que o umbigo do mundo se situa ainda em algum lugar entre Viena, Berlim, Bonn, Moscou, Washington ou Roma. Que Ribeiro atribua ao Primeiro Mundo um papel não preponderante na realização das "sociedades futuras" e não lhe reserve senão insuficiências como o "socialismo evolutivo", significa um desafio com o qual tem que se defrontar a teoria crítica no "mundo desenvolvido" imediata e seriamente, se não quiser correr o risco de desaparecer.

Vida e obra de Darcy Ribeiro

1922

Nasce na cidade de Montes Claros, Estado de Minas Gerais, a 26 de outubro, filho de Reginaldo Ribeiro dos Santos e de Josefina Augusta da Silveira Ribeiro.

1939

Começa a cursar a Faculdade de Medicina de Belo Horizonte. Nesse período, inicia a militância pelo Partido Comunista do Brasil (PCB), do qual se afastaria nos anos seguintes.

1942

Recebe uma bolsa de estudos para estudar na Escola de Sociologia e Política de São Paulo. Deixa o curso de Medicina e segue para a capital paulista.

1946

Licencia-se em Ciências Sociais pela Escola de Sociologia e Política de São Paulo, especializando-se em Etnologia, sob a orientação de Herbert Baldus.

1947

Ingressa no Serviço de Proteção aos Índios, onde conhece e colabora com Cândido Mariano da Silva Rondon, o Marechal Rondon, então presidente do Conselho Nacional de Proteção aos Índios. Realiza estudos etnológicos de campo entre 1947 e 1956, principalmente com os índios Kadiwéu, do Estado de Mato Grosso, Kaapor, da Amazônia, diversas tribos do Alto Xingu, no Brasil Central, bem como entre os Karajá, da Ilha do Bananal, em Tocantins, e os Kaingang e Xokleng, dos Estados do Paraná e Santa Catarina, respectivamente.

1948

Em maio, casa-se com a romena Berta Gleizer.
Publica o ensaio "Sistema familial Kadiwéu".

1950

Publica *Religião e mitologia Kadiwéu*.

1951

Publica os ensaios "Arte Kadiwéu", "Notícia dos Ofaié-Xavante" e "Atividades científicas da Secção de Estudos do Serviço de Proteção aos Índios".

1953

Assume a direção da Seção de Estudos do Serviço de Proteção aos Índios.

1954

Organiza o Museu do Índio, no Rio de Janeiro (rua Mata Machado, s/nº), que dirige até 1957. Ao lado dos irmãos Orlando e Cláudio Villas-Bôas, elabora o plano de criação do Parque Indígena do Xingu, no Brasil Central. Escreve o capítulo referente à educação e à integração das populações indígenas da Amazônia na sociedade nacional, da Superintendência do Plano de Valorização Econômica da Amazônia (SPVEA).
Publica o ensaio "Os índios Urubu".

1955

Organiza e dirige o primeiro curso de pós-graduação em Antropologia Cultural no Brasil para a formação de pesquisadores (1955/1956). Sob sua orientação, o Museu do Índio produz diversos documentários sobre a vida dos índios Kaapor, Bororo e do Xingu. Assume a cadeira de Etnografia Brasileira e Língua da Faculdade de Filosofia, Ciências e Letras da Universidade do Brasil, no Rio de Janeiro, função que exerce como professor contratado (1955/1956) e como regente da cátedra (1957/1961). Licenciado em 1962, é exonerado em 1964, com a cassação dos seus direitos políticos pela ditadura militar, e retorna à universidade somente em 1980, já com o nome de Universidade Federal do Rio de Janeiro (UFRJ). Por incumbência do Departamento de Ciências Sociais da Unesco, realiza um estudo de campo e de gabinete sobre o processo de integração das populações indígenas no Brasil moderno.

Publica o ensaio "The Museum of the Indian".

1956

Realiza estudos sobre os problemas de integração das populações indígenas no Brasil para a Organização Internacional do Trabalho (OIT).

Publica o ensaio "Convívio e contaminação: defeitos dissociativos da população provocada por epidemias em grupos indígenas".

1957

É nomeado diretor da Divisão de Estudos Sociais do Centro Brasileiro de Pesquisas Educacionais (1957/1959) do Ministério da Educação e Cultura (MEC).

Publica os ensaios "Culturas e línguas indígenas do Brasil" e "Uirá vai ao encontro de Maíra: as experiências de um índio que saiu à procura de Deus" e o livro *Arte plumária dos índios Kaapor* (coautoria de Berta Ribeiro).

1958

Empreende um programa de pesquisas sociológicas, antropológicas e educacionais destinado a estudar 14 comunidades brasileiras representativas da vida provinciana e urbana nas principais regiões do país. É eleito presidente da Associação Brasileira de Antropologia, exercendo o cargo entre os anos de 1958 e 1960.

Publica os ensaios "Cândido Mariano da Silva Rondon", "O indigenista Rondon" e "O programa de pesquisas em cidades-laboratório".

1959

Participa, com Anísio Teixeira, da campanha de difusão da escola pública frente ao Congresso Nacional, que elaborava a Lei de Diretrizes e Bases da Educação Nacional.
Publica o ensaio "A obra indigenista de Rondon".

1960

É encarregado pelo governo Juscelino Kubitschek de coordenar o planejamento da Universidade de Brasília (UnB). Organiza, para isso, uma equipe de uma centena de cientistas e pensadores.
Publica os ensaios "Anísio Teixeira, pensador e homem de ação", "A universidade e a nação", "A Universidade de Brasília" e "Un concepto de integración social".

1961

É nomeado diretor da Comissão de Estudos de Estruturação da Universidade de Brasília por Jânio Quadros.

1962

Toma posse como o primeiro reitor da Universidade de Brasília, cargo que exerce até 1963. É eleito presidente do Centro Brasileiro de Pesquisas Físicas. Assume como ministro da Educação e Cultura do Gabinete Parlamentarista do primeiro-ministro Hermes Lima.
Publica o ensaio "A política indigenista brasileira".

1963

Exerce a chefia da Casa Civil do presidente João Goulart, até 31 de março de 1964, quando se exila no Uruguai devido ao golpe militar.

1964

Exerce, até setembro de 1968, o cargo de professor de Antropologia em regime de dedicação exclusiva da Faculdade de Humanidades e Ciências da Universidade da República Oriental do Uruguai.

1965

Publica o ensaio "La universidad latinoamericana y el desarrollo social".

1967

Dirige o Seminário sobre Estruturas Universitárias, organizado pela Comissão de Cultura da Universidade da República Oriental do Uruguai.
Publica o livro *A universidade necessária*.

1968

Recebe o título de Doutor *Honoris Causa* pela Universidade da República Oriental do Uruguai. Retorna ao Brasil em setembro por ter sido anulado, pelo Supremo Tribunal Militar, o processo que lhe havia sido imposto pelo tribunal militar. Com o Ato Institucional nº 5 do regime militar brasileiro, é preso em 13 de dezembro.
Publica os ensaios "La universidad latinoamericana" e "Política de desarrollo autónomo de la universidad" e o livro *O processo civilizatório: etapas da evolução sociocultural* (Série Estudos de Antropologia da Civilização).

1969

Julgado por um tribunal militar, é absolvido por unanimidade a 18 de setembro, em sentença confirmada pelo Superior Tribunal Militar. É aconselhado a retirar-se novamente do país. Fixa-se em Caracas, sendo então contratado pela Universidade Central da Venezuela para dirigir um seminário interdisciplinar de Ciências Humanas, destinado a professores universitários e estudantes pós-graduados, e para coordenar um grupo de trabalho dedicado a estudar a renovação da Universidade.
A revista *Current Anthropology* promove um debate internacional sobre seu livro *The Civilizational Process* e seu ensaio "Culture-Historical Configurations of the American People".

1970

Participa do 39º Congresso Internacional de Americanistas, realizado em Lima, Peru, em agosto, como coordenador do seminário Formação e Processo das Sociedades Americanas, no qual apresenta o trabalho "Configurações Histórico-Culturais dos Povos Americanos", que publicaria no mesmo ano. Conclui seus estudos dos sistemas universitários, publicados em *La universidad latinoamericana*. A convite da Universidade Nacional da Colômbia, integra, em setembro, um grupo de peritos em problemas universitários que realiza um seminário em Bogotá para debater os aspectos acadêmicos da universidade: políticas, programas, estrutura.

Publica os livros *Propuestas acerca de la renovación* e *Os índios e a civilização: a integração das populações indígenas no Brasil moderno* (Série Estudos de Antropologia da Civilização).

1971

Prepara, a pedido da Divisão de Estudos das Culturas da Unesco, a introdução geral à obra *América Latina em sua arquitetura*. Participa de um congresso sobre o problema indígena, realizado em Barbados, sob os auspícios do Conselho Mundial de Igrejas, e colabora como um dos redatores da Declaração de Barbados sobre etnocídio dos índios. Participa do Colóquio Internacional sobre o Ensino das Ciências Sociais, realizado em Argel, apresentando trabalho em colaboração com Heron de Alencar. Em julho, convidado pelo Atheneo de Caracas, ministra uma série de seis palestras sobre Teoria da Cultura, resumidas em quatro conferências na Universidade de Los Andes, Mérida, Venezuela.

Publica o livro *O dilema da América Latina: estruturas de poder e forças insurgentes* (Série Estudos de Antropologia da Civilização).

1972

Em janeiro, com Oscar Varsavsky, Amílcar Herrera e um grupo de educadores do Conselho Nacional da Universidade Peruana, prepara um plano de reestruturação do sistema universitário peruano. Participa da II Conferência Latino-Americana de Difusão Cultural e Extensão Universitária, promovida em fevereiro, no México, pela União das Universidades Latino-Americanas (Udual), apresentando o trabalho "¿Qué integración latinoamericana?". Em abril, volta a Lima para reunião do Conselho Nacional da Universidade

Peruana (Conup) e escreve, em seguida, o estudo "La universidad peruana". Radica-se em Lima, Peru, onde planeja, organiza e passa a dirigir o Centro de Estudos de Participação Popular, financiado pelo Programa das Nações Unidas para o Desenvolvimento (Pnud), pela Organização Internacional do Trabalho (OIT) e por sua contraparte peruana, o Sistema Nacional de Mobilização Social (Sinamos). Por solicitação do Ministério de Educação e Pesquisa Científica da República da Argélia, elabora o projeto de estruturação da Universidade de Ciências Humanas de Argel, que conta com um projeto arquitetônico de Oscar Niemeyer. Entre junho e julho, assina, em Genebra, um contrato com a OIT para dirigir o projeto *Pnud-OIT Per 71.550*. Posteriormente, segue para Belgrado, Paris e Madri para visitar e estudar cooperativas e sistemas de participação. Em setembro é contratado como professor visitante do Instituto de Estudos Internacionais da Universidade do Chile e fixa residência em Santiago.

Publica os ensaios "Civilización y criatividad" e "¿Qué integración latinoamericana?" e o livro *Os brasileiros: teoria do Brasil*.

1973

Viaja ao Equador para participar de um programa de estudos do Centro Nacional do Planejamento e de seminários nas universidades. Publica o ensaio "Etnicidade, indigenato e campesinato" e o livro *La universidad nueva, un proyecto*.

1974

Participa, em agosto, do 41º Congresso Internacional de Americanistas, realizado no México, dirigindo um seminário sobre o problema indígena. Em outubro, participa do Ciclo de Conferências nas Universidades do Porto, de Lisboa e de Coimbra, sobre reforma universitária. Em dezembro, regressa ao Brasil para tratamento médico, pondo fim ao seu exílio político.

Separa-se de Berta Ribeiro.

Publica o ensaio "Rethinking the University" e os livros *Uirá sai à procura de Deus: ensaios de etnologia e indigenismo* e *La universidad peruana*.

1975

Reassume, em junho, a direção do Centro de Estudos de Participação Popular, em Lima.
Em outubro, participa da comissão organizada pelo Pnud para planejar a Universidade do Terceiro Mundo, no México.
Publica o ensaio "Tipologia política latino-americana" e o livro *Configurações histórico-culturais dos povos americanos*.

1976

Participa do Seminário de Integração Étnica do Congresso Internacional de Ciências Humanas na Ásia, África e América, organizado pelo Colégio do México e realizado na Cidade do México, em agosto.
Preside um simpósio sobre o problema indígena, realizado em Paris, em setembro, pelo Congresso Internacional de Americanistas.
Em outubro, regressa definitivamente ao Brasil.
Publica o ensaio "Os protagonistas do drama indígena" e o livro *Maíra*, seu primeiro romance.

1977

Participa de conferências no México e em Portugal.

1978

Participa da campanha contra a falsa emancipação dos índios, pretendida pela ditadura militar brasileira.
Casa-se com Claudia Zarvos.
Publica o livro *UnB: invenção e descaminho*.

1979

Recebe, em 13 de maio, na Sorbonne, o título de Doutor *Honoris Causa* pela Universidade de Paris IV. A coleção "Voz Viva de América Latina", da Universidade Nacional Autônoma do México (Unam), lança um disco de Darcy Ribeiro apresentado por Guillermo Bonfil

Batalla. No disco, Darcy recita trechos de seu livro *Maíra*.
Publica o livro *Sobre o óbvio: ensaios insólitos*.

1980

Anistiado, retorna ao cargo de professor titular do Instituto de Filosofia e Ciências Sociais da Universidade Federal do Rio de Janeiro. Participa como membro do júri do 4º Tribunal Russell, que se reuniu em Roterdã, na Holanda, para julgar os crimes contra as populações indígenas das Américas. Integra a Comissão de Educadores convocada pela Unesco e que se reuniu em Paris, em novembro de 1980, para definir as linhas de desenvolvimento futuro da educação no mundo. A revista *Civilização Brasileira*, em seu volume 19, publica uma entrevista com Darcy Ribeiro sob o título: "Darcy Ribeiro fala sobre pós-graduação no Brasil". É eleito membro do Conselho Diretor da Faculdade Latino-Americana de Ciências Sociais (FLACSO).

1981

Participa como membro da Diretoria da 1ª Reunião do Instituto Latino-Americano de Estudos Transnacionais (Ilet).
Publica o romance *O Mulo*.

1982

Participa do Seminário de Estudos da Amazônia da Universidade da Flórida (fevereiro/março). Visita São Francisco e Filadélfia. É recebido na Universidade de Columbia e participa da reunião da Latin American Studies Association (Lasa), em Washington. Participa, em abril, do ciclo de conferências na Universidade de Madri.
É eleito vice-governador do Estado do Rio de Janeiro.
Publica o ensaio "A nação latino-americana" e o romance *Utopia selvagem*.

1983

Participa dos Rencontres Internationales de la Sorbonne: Création e Développement.

Assume as funções de secretário de Estado da Secretaria Extraordinária de Ciência e Cultura e de chanceler da Universidade do Estado do Rio de Janeiro.

1984

Como secretário extraordinário de Ciência e Cultura:

1) Planeja e coordena a construção do Sambódromo.

2) Constrói a Biblioteca Pública Estadual do Rio de Janeiro, organizada como um centro de difusão cultural baseado tanto no livro como nos modernos recursos audiovisuais, destinado a coordenar a organização e o funcionamento das bibliotecas dos Centros Integrados de Educação Pública (Ciep).

3) Organiza o Centro Infantil de Cultura do Rio, como modelo integrado de animação cultural, aberto a centenas de crianças.

4) Reedita a *Revista do Brasil.*

Publica o ensaio "La civilización emergente" e o livro *Nossa escola é uma calamidade.*

1985

Coordena o planejamento da reforma educacional do Rio de Janeiro e põe em funcionamento:

1) uma fábrica de escolas, destinada a construir mil unidades escolares de pequeno e médio porte;

2) a edificação de 300 Ciep para assegurar a educação, em horário integral, de 300 mil crianças.

Organiza, no antigo prédio da Alfândega, o Museu França-Brasil (atualmente Casa França-Brasil), com a colaboração do Ministro da Cultura da França, Jack Lang.

Publica o livro *Aos trancos e barrancos.*

1986

Darcy licencia-se dos cargos de vice-governador e secretário de Estado para concorrer ao pleito fluminense. Deixa para o Estado do Rio de Janeiro vários legados, como o Monumento a Zumbi dos

Palmares, a Casa de Cultura Laura Alvim, o Restauro da Fazenda Colubandê, em São Gonçalo, e 40 atos de tombamento, incluindo 150 bens imóveis, com destaque para a Casa da Flor, a Fundição Progresso, os bondes de Santa Teresa, quilômetros de praias do litoral fluminense, a praia de Grumari, as dunas de Cabo Frio, diversos coretos públicos, a Pedra do Sal e o sítio de Santo Antônio da Bica, de Antônio Burle Marx. Cria a Casa Comunitária, um novo modelo de atendimento para milhares de crianças pobres.
Edita, com Berta Ribeiro, o livro *Suma etnológica brasileira*, em três volumes.
Reintegra-se ao corpo de pesquisadores do CNPq, para retomar e concluir seus Estudos de Antropologia da Civilização.
Publica os livros *América Latina: a pátria grande* e *O livro dos CIEP*.

1987

Assume o cargo de secretário de Estado da Secretaria de Desenvolvimento Social no Estado de Minas Gerais, para programar uma reforma educacional. A convite da Universidade de Maryland (EUA), participa de um ciclo de debates sobre a realidade brasileira. Elabora a programação cultural do Memorial da América Latina, a convite do então governador de São Paulo, Orestes Quércia.

1988

Profere conferências em Munique, Paris e Roma. Comparece à reunião anual da Tribuna Socialista em Belgrado e visita Sarajevo. Viaja a Cuba, México, Guatemala, Peru, Equador e Argentina para selecionar obras de arte para constituir o futuro acervo do Memorial da América Latina.
Publica o romance *Migo*.

1989

Como parte da campanha de Leonel Brizola à presidência da República do Brasil, coordena, nas capitais do país, a realização do Fórum Nacional de Debates dos Problemas Brasileiros. Participa, em Caracas, do Foro de Reforma do Estado, onde fala das Dez Mentiras sobre a América Latina. É reincorporado ao corpo docente da Universidade de Brasília, por ato ministerial proposto pela universidade. Comparece, como convidado especial, ao ato de posse do presidente Carlos Andrés Pérez, da Venezuela. Participa das jornadas de reflexão sobre a América Latina. Publica o ensaio "El hombre latinoamericano 500 años después".

1990

Participa de debates internacionais na Alemanha (sobre intercâmbio cultural Norte-Sul) e na França (sobre a Amazônia e a defesa das populações indígenas). Integra o Encontro de Ensaístas Latino-Americanos, realizado em Buenos Aires. É eleito senador pelo Estado do Rio de Janeiro, nas mesmas eleições que reconduziram Leonel Brizola ao governo do Estado do Rio de Janeiro.
Publica o ensaio "A pacificação dos índios Urubu-Kaapor" e os livros *Testemunho* e *O Brasil como problema*.

1991

Licencia-se de seu mandato no Senado para assumir a Secretaria de Projetos Especiais de Educação do Governo Brizola, com a missão de promover a retomada da implantação dos Ciep (ao todo, foram inaugurados 501).

1992

É eleito membro da Academia Brasileira de Letras, ocupando a cadeira de nº 11. Elabora e inaugura a Universidade Estadual do Norte Fluminense, em Campos dos Goytacazes.
Publica os ensaios "Tiradentes estadista" e "Universidade do terceiro milênio: plano orientador da Universidade Estadual do Norte Fluminense" e o livro *A fundação do Brasil, 1500/1700* (em colaboração com Carlos de Araújo Moreira Neto).

1994

Concorre, ao lado de Leonel Brizola, à Presidência da República.

É internado em estado grave no Hospital Samaritano do Rio de Janeiro. Publica o ensaio "Tiradentes".

1995

Deixa o hospital e segue para sua casa em Maricá, no intuito de concluir a série Estudos de Antropologia da Civilização, o que acaba por conseguir com a obra *O povo brasileiro: a formação e o sentido do Brasil*. Publica também o livro *Noções de coisas* (com ilustrações de Ziraldo).

1996

Assina uma coluna semanal no jornal *Folha de S.Paulo*. Retoma sua cadeira no Senado e concentra suas atividades na aprovação da Lei nº 9.394/1996 (Lei de Diretrizes e Bases da Educação Nacional – Lei Darcy Ribeiro). Recebe o título de Doutor *Honoris Causa* da Universidade de Brasília. Recebe o Prêmio Interamericano de Educação Andrés Bello, concedido pela Organização dos Estados Americanos (OEA).
Publica os ensaios "Los indios y el Estado Nacional" e "Ethnicity and Civilization" (este com Mércio Gomes) e o livro *Diários índios: os Urubu-Kaapor*.

1997

Publica os livros *Gentidades*, *Mestiço é que é bom* e *Confissões*.
Falece, em 17 de fevereiro, na cidade de Brasília, no dia em que defenderia o seu Projeto Caboclo no Senado.

Conheça também outras obras de Darcy Ribeiro publicadas pela Global Editora

América Latina, a Pátria Grande*
O Brasil como problema
Diálogos latino-americanos
Ensaios insólitos
Maíra
Migo
O mulo
O povo brasileiro
Tiradentes
Uirá sai à procura de Deus
Utopia selvagem

*prelo

Impressão e Acabamento
Bartira
Gráfica
(011) 4393-2911